www.tredition.de

AF203966

Sahar Ohlig

Machtspiel am Hindukusch

Verlag und Druck:
tredition GmbH, Halenreie 40-44, 22359 Hamburg

ISBN
Paperback: 978-3-347-25764-1
Hardcover: 978-3-347-25765-8
e-Book: 978-3-347-25766-5

INHALTSVERZEICHNIS

GEWIDMET 6

DANKSAGUNG 7

VORWORT 8

AN DIE HERREN DER WELT 11

ANHANG 55

Kabul 56

Der Fremde 57

Keine Kerze für Afghanistan! 59

In der Ferne … 63

Ein Nachmittag im November… 66

Die Wolken 72

Dies ist so, weil jenes so ist! 73

Begegnung 77

Der Hagelschauer 78

Die kleine Quelle des Dorfes 80

Ich will die Zeit zurückdrehen 83

Leeres Lied 88

Gewidmet

den Damen und Herren im Buckingham Palace,
den Damen und Herren in allen politischen
Parteien der USA,
den Damen und Herren in der CIA, im Pentagon und
in dem ISI (Inter-Services Intelligence),
den Damen und Herren in den Nato-Staaten,
den Damen und Herren in Russland, im KGB, in China
und den Mächten dahinter

Danksagung

Danke an Günter Ohlig für seine Zeit und für seine Bemühungen beim Korrekturlesen.
Ohne seine Hilfe wäre dieses Buch nicht zustande gekommen.

Taschakor!

Vorwort

Ich war arm, aber eine alte, weise, liebevolle Mutter.

Ich war das Land der „Arier", das frühere Ariana, mit einer Geschichte, die über 5.000 Jahre zurückgeht.

Ich habe die Lehre Zarathustras, den Buddhismus, den Hinduismus, den Islam und den Sufismus alle in meinem Schoß wachsen lassen.

Mein Lapislazuli wurde zum Schmuck der ägyptischen Pharaonen. Die Seidenstraße erinnert sich an mich.

Alexander der Große und Dschingis Khans kennen die Härte meiner Wege und die Höhe des Hindukuschs und Pamirs.
Ich war eine uralte Sprache und das Land der Märchenerzähler, Dichter (wie Maulana Jalaluddin Balkhi, bekannt als Rumi) und Heiler (wie Abu Ali Sina-e Balkhi).
Ich war eine alte, großzügige Mutter mit großem Herz, die ihr Brot und ihren Tee mit jedem Gast teilte.
Auf meinem Teppich konnte jeder fremde Reisende übernachten.
Bis meine eigenen Kinder, meine Söhne der Macht, anfingen, mich zu verraten.
Kein anderer, kein Feind, hat mich so sehr verraten, wie meine Söhne der Macht. Wann immer meine Feinde, egal woher, mich überfielen, beraubten und unterdrückten, war einer meiner Söhne auf deren Seite!

Das war mein bitteres Schicksal!

Meine eigenen Söhne haben meinen Namen geändert sowie meine Identität und meine alte Geschichte an meine Feinde verschenkt.

Meine eigenen Söhne haben mich, Teile von mir, an meine Feinde verkauft, haben meine Bodenschätze, mein Gold, meine Edelsteine, mein Lapislazuli, mein Rubin und mein Smaragd meinen Feinden gegeben.

Meine eigenen Söhne haben das Wasser meiner Flüsse und die Bäume meiner Wälder an meine Feinde verschenkt und verkauft. Meine eigenen Söhne haben alles, was ich je hatte, meine Busse, meine Maschinen, meine Bücher, meine Museen, sogar meine Adler und Falken als Geschenke meinen Feinden überreicht.

Meine eigenen Söhne haben mein altes Kulturerbe zerstört, meine antiken und wertvollen Gegenstände meinen Feinden geschenkt, nur um ihnen eine Freude zu machen.

Meine eigenen Söhne haben meine Städte und Dörfer, meine Felder und meine Erde zerstört.
Meine eigenen Söhne haben mein Gesicht,
die Namen meiner Straßen, meines Flughafens und alter, historischer Gebäude verändert.

Meine eigenen Söhne haben tausende ihrer Brüder und Schwestern getötet, sie ins Gefängnis gesteckt, vergewaltigt, aus ihrer Heimat verjagt und ihnen ihre Häuser geraubt.

Meine Söhne der Macht haben sich nicht für mich geopfert, sondern mich für ihre Ziele.

Meine eigenen Söhne haben Schande über mich gebracht, meinen Namen, meine Identität befleckt, mich als Land des Terrorismus, des Opiums und der Bestechung in der ganzen Welt dargestellt.

Diese Söhne wurden in meinem Schoß geboren, wurden in meinem Schoß groß, spielten als Kinder auf meinem Boden, lebten auf meiner Erde, atmeten meine Luft, tranken aus meinen Flüssen, aber sie verkauften mich an meine Feinde.

Den allergrößten Verrat begingen nicht meine Feinde, sondern meine eigenen Söhne, weil sie die Macht mehr als mich liebten.

An die Herren der Welt

Wenn ich jeden Morgen, tausende Meilen entfernt von meiner Heimat Afghanistan, in meinem kleinen Zimmer meditiere und in meiner Vorstellung Strahlen von Liebe, Licht, Segen und Heilung in die Erde und in meine Heimat schicke, wenn ich versuche, durch meine Vorstellungskraft mit meinen Atemzügen den verbrannten und verwundeten Körper meiner Heimat Afghanistan zu heilen, weiß ich, wie machtlos ich bin!

Ich schaue momentan sehr kritisch auf all die Texte, die ich Jahr für Jahr geschrieben habe.

Ich dachte immer wieder, dass irgendwann, irgendwo in meiner Heimat ein Herrscher geboren würde, der seine Heimat wirklich liebt.

Das war ein bitterer Irrtum!

Wie kann sich in einem armen und abhängigen Land wie Afghanistan ein Herrscher erheben?

Die Mächtigen meiner Heimat waren und sind nie „Player", sie waren immer nur „Spielball".
Ich hatte den „Butler" mit dem Herrn des Hauses verwechselt!

Deshalb weiß ich jetzt, dass ich den Herren des Hauses schreiben muss.

Meine Damen und Herren im Buckingham Palace,
meine Damen und Herren in allen politischen Parteien der USA, meine Damen und Herren in der CIA, im Pentagon und in dem ISI (Inter-Services Intelligence), meine Damen und Herren in den Nato-Staaten, meine Damen und Herren

in Russland, im KGB und in China, fühlen Sie sich bitte alle angesprochen:

Sie sind die Herren dieser Welt und „Yes, Gentlemen, you can!"

Ich fühle mich gerade wie ein Kind, das sein Land, seine Mutter, auf den Markt stellt und ihre Klamotten Stück für Stück auszieht, damit die Welt ihren verwundeten, nackten Körper sieht.

Meine Damen und Herren im Buckingham Palace, Ladies und Gentlemen, Hut ab vor Ihrer raffinierten Politik, die nach so vielen Jahren immer noch erfolgreich funktioniert.

Wenn die Politiker dieser Welt wirklich etwas über „Politik" lernen wollen, dann sollten sie sich vor Ihnen hinknien und von Ihnen lernen!
Wie Sie wissen, sind die Afghanen sehr stolz auf ihre Geschichte, auf die drei Kriege gegen Sie als Kolonialmacht und besonders auf ihre eigenen „Unabhängigkeits-Märchen".

Sie haben bestimmt sehr oft über die Naivität der Afghanen gelacht.
Heute lache ich bitter darüber mit Ihnen zusammen.
Ja, wir Afghanen sind wirklich sehr naiv!
Wir waren nie wirklich ein unabhängiges Land!

Die Saat, die Sie, meine Damen und Herren, damals zwischen den verschiedenen Ethnien und Stämmen dieses Landes gesät haben, bringt bis heute blutige Ernten hervor.

Die Afghanen haben bis heute nicht gemerkt, wie sie manipuliert worden sind. Jahr für Jahr und Generation für Generation hassen und bekämpfen sich die Paschtunen, die Tadschiken, die Hazara und die Usbeken gegenseitig. Dank Ihnen ist aus uns nie eine „Nation" geworden!

Ihr Motto von „Teile und herrsche!" funktionierte nicht nur in Afghanistan, sondern auch in Indien. Das verursachte starke Konflikte zwischen den Hindus und Muslimen in Indien und in dem neu geschaffenen Pakistan.

Der Brennpunkt Kaschmir sowie der Paschtunistan-Konflikt auf beiden Seiten der Grenze zwischen Afghanistan und Pakistan sind Ihr Erbe.

Ein Blick in das Britische Museum zeigt, wie viele Länder von Ihnen beraubt wurden! Ich frage mich, ob man diese Sammlung noch als „britisch" bezeichnen kann?

Ihre Investition von damals, ein dauerhaftes Konfliktgebiet entstehen zu lassen, um später diese Staaten in der Hand zu haben, war exzellent!

Sie haben Pakistan wie ein Stück Torte aus dem Körper Afghanistans und Indiens herausgeschnitten und ihm eine Identität gegeben. Pakistan war der Grundstein für all Ihre weiteren Pläne in Zentralasien. Dank Ihnen hat sich Pakistan im Laufe der Zeit zu einer der gefährlichsten Mächte der Region entwickelt. Pakistan ist einer der besten und treuesten Schüler Ihrer Schule.

Meine Damen und Herren im Buckingham Palace, meine Damen und Herren in allen politischen Parteien der USA, meine Damen und Herren in der CIA, im Pentagon und in dem ISI (Inter-Services Intelligence), meine Damen und Herren in den Nato-Staaten, meine Damen und Herren in Russland, im KGB und in China, fühlen Sie sich bitte alle angesprochen:

Ein Blick auf uns Afghanen und auf unser Leben vor und nach dem Krieg mit der Sowjetunion.

Nachdem die britische Kolonialmacht zweimal eine Niederlage in Afghanistan erlebt hatte, kam Amanullah Khan im Jahr 1919 als König Afghanistans an die Macht. Er war ein moderner König und nach seinen Reisen in die europäischen Länder, unter anderem nach Deutschland, wollte er sein Land modernisieren. Das war aber in der konservativen Gesellschaft Afghanistans nicht möglich. Und so wurde er später von seinen Feinden entmachtet.

Später wurde Nadir Shah, der ein treuer „Butler" des britischen Königreiches war, von den Briten von dem britischen Indien nach Afghanistan gebracht und wurde dort König. Nadir Shah und seine Brüder erwürgten alle demokratischen Stimmen in Afghanistan. Viele gebildete, freiheitsliebende, junge Menschen wurden geköpft. Wir hatten diesen König nicht gewählt, er war Ihr Kandidat. Sie benutzten ihn in Afghanistan als Ihre Marionette.

Im Jahre 1933 folgte ihm sein Sohn Mohammed Zahir Shah auf den Thron. Seine 40jährige Regierungszeit war für viele Afghanen im Vergleich zu den Jahren danach eine wunderbare Zeit. Er verstand es, das politische Gleichgewicht zwischen den beiden Supermächten, den USA und der UdSSR, zu halten.

Die Menschen, besonders in der Hauptstadt und in den großen Städten, lebten in relativer Freiheit.

Trotzdem gab es auch während seiner Herrschaft Diskriminierungen von Minderheiten, wie gegenüber den Hazara und den Usbeken. In den Gebieten, wo die Hazara lebten, gab es weder Strom noch asphaltierte Straßen. Die Hazara durften in ihrem eigenen Land nicht Medizin studieren und mussten alle niedrigen Jobs erledigen.

König Zahir hatte in seiner 40jährigen Regierungszeit von 1933 bis1973 kaum etwas gegen den Analphabetismus getan. Minderheiten wurden weiterhin ignoriert.

Es gab schon damals an der Universität von Kabul einige neue politische Parteien, wie Kommunisten, Maoisten und strenge Islamisten. Im Jahre 1973 kam Mohammad Daoud, der Cousin von König Zahir, durch einen Putsch an die Macht und beendete das Königreich.

Mit ihm wurde das Land zur Republik. Mohammad Daoud wollte einige Dinge reformieren. Er wurde anfangs von den kommunistischen Parteien Khalq und Parcham unterstützt, die wiederum von der UdSSR unterstützt wurden.

Genau zu diesem Zeitpunkt wurden die Vorbereitungen für das „Spiel Afghanistan" von den beiden Großmächten, der UdSSR und den USA, getroffen.

Ab diesem Zeitpunkt, bis zum heutigen Tag, öffnete Pakistan seine Tore für die USA und wurde Ihr Verbündeter. Pakistan wurde zu Ihren Augen und Ohren und zu Ihrem effektiven Instrument für all die Verbrechen und Kriege in Afghanistan. Die USA sahen ihre Machtposition in dieser Region in Gefahr und wollten nicht, dass die UdSSR in Afghanistan Fuß fasst.

Die ersten Mujaheddin, die gegen die Daoud-Regierung waren, wurden schon damals nach Pakistan eingeladen und gegen die Daoud -Regierung aufgehetzt.
Daraus entwickelte sich später der Heilige Krieg gegen die Kommunisten.
Als Daoud diese Gefahr bemerkte, versuchte er von den Kommunisten Abstand zu halten, aber es war zu spät.

Die UdSSR war dieses Mal schneller als die USA.
Die kommunistischen Parteien von Khalq und Parcham übernahmen im Jahre 1978 durch einen Putsch die Macht. Daoud wurde mit seiner ganzen Familie, einschließlich der Kinder, ermordet. Die Kommunisten übernahmen die Macht mit Hilfe „des großen nördlichen Nachbars", der UdSSR. Russische Soldaten marschierten mit ihren Panzern im Dezember 1979 in Afghanistan ein.

Unsere „Kommunisten", die nach „Brot, Kleider und Wohnungen für alle" riefen, wurden innerhalb von Monaten zu Diktatoren. Der Widerstand gegen die Kommunisten wuchs. Tausende von Afghanen verließen das Land.
Tausende Studenten, Schüler und normale Bürger, die gegen den Einmarsch der Russen waren, wurden verhaftet und brutal umgebracht.
Unsere Kommunisten, die bis dahin für Gerechtigkeit geschrien hatten, folterten nun im Gefängnis Pul-Charkhi zusammen mit ihren KGB-Verbündeten tausende ihrer Gegner, wie Islamisten, Maoisten sowie Mullahs, Lehrer, Ärzte, Studenten und Schüler. Menschen wurden massenweise getötet. So wollten „unsere" Kommunisten ein modernes Regime schaffen.
Dörfer wurden bombardiert und Menschen wurden umgebracht, weil sie ihren islamischen Glauben nicht aufgeben wollten.

Alle Widerstände in Kabul und in anderen Großstädten wurden gewaltsam unterdrückt. Die afghanische Regierung tat zwar etwas für die Rechte von Minderheiten und Frauen und bekämpfte auch den Analphabetismus, aber sie blieb eine Diktatur.

„Unsere" Kommunisten waren trotz allem nicht so gierig wie später unsere Dschihad-Brüder. Sie rissen nicht die Häuser der Menschen mit Gewalt an sich, bauten keine Paläste für sich und leisteten sich keine schicken Autos. Sie bereicherten sich nicht auf Kosten des Volkes!

Ein großer Fehler der Kommunisten war, die afghanische Tradition zu unterschätzen und zu denken, alles mit Gewalt ändern zu können.

Meine Damen und Herren, fühlen Sie sich bitte alle angesprochen:
Die USA, Deutschland, Frankreich, Großbritannien, Saudi-Arabien, Pakistan sowie deren Geheimdienste, vor allem der ISI und die CIA und zufällig (!) Bin Laden höchstpersönlich, schlossen sich zusammen, um die gottlosen Kommunisten zu bekämpfen.

Mit Ihrer Unterstützung, meine Damen und Herren, wurden in Pakistan Millionen von Geldern und Waffen für den Heiligen Krieg in Afghanistan zur Verfügung gestellt.
Es waren Ihre Raketen, Ihre Bomben, Ihre Minen und Ihr Geld!
Die Afghanen hatten und haben keine Waffenfabriken!

Pakistan kassierte den Großteil Ihrer Gelder ein und fing an, neben der Unterstützung des Krieges in Afghanistan, seine eigene militärische Stärke gegen Indien zu erhöhen,

Atomwaffen herzustellen und seine eigene Wirtschaft auf die Beine zu stellen.

Es war der Krieg in Afghanistan mit Hilfe Ihrer Milliarden Dollars, der aus einem schwachen Land wie Pakistan später eine gefährliche Atommacht machte.

In dieser Zeit wurden in Pakistan die sogenannten Koran-Schulen gegründet. In diesen Schulen wurden Hunderte von Waisen, afghanische Flüchtlingskinder, die ihre Väter im Krieg gegen die Russen verloren hatten und zum großen Teil Paschtunen waren, aufgenommen.

Diese Kinder bekamen ein Dach über den Kopf, etwas zu Essen und eine Gehirnwäsche von den pakistanischen, fundamentalistischen Religionsführern und entwickelten sich später zu unseren Taliban.

Die Taliban, die sogenannten Koran-Schüler, wurden in Pakistan erzogen und ausgebildet und von Saudi-Arabien finanziell unterstützt.

Meine Damen und Herren, von diesen Schulen in Pakistan und über das, was in diesen Schulen vor sich ging, wussten Sie schon damals.

Sie wussten es die ganze Zeit und Sie wissen es heute noch!

Waren dann diese Schulen nicht die Fabriken, die Ihre „Terroristen" produzierten?

Was für eine Ironie der Geschichte!

Meine Damen und Herren, Sie ließen es zu, dass sich diese Schulen in Pakistan entwickeln konnten.

Keiner von Ihnen erhob je seine Stimme dagegen.

Stehen Sie vielleicht direkt oder indirekt dahinter?

Die Afghanen kennen die Antwort auf diese Frage, auch wenn Sie weiterhin schweigen!

Die Mujaheddin waren während des Widerstandes gegen die russischen Besatzer für die Zivilisten wahre Helden.
Ein Teil der Kämpfer, besonders die Schiiten, wurden vom Iran für dessen Interessen unterstützt.

Während Ihre Kinder, meine Damen und Herren, in Europa und Amerika „ Oh Tannenbaum" sangen, saßen die afghanischen Kinder in Kabul mit ihren Eltern in den Kellern ihrer Häuser und hörten BBC-Nachrichten und Radio Deutsche Welle über den Krieg gegen die Russen.

Unsere Kommunisten, die zum Teil Tadschiken und zum Teil Paschtunen waren, fingen an, sich gegenseitig zu bekämpfen und umzubringen.
Der Widerstand gegen die russischen Besatzer und das kommunistische Regime in Kabul wurde immer größer und größer. Obwohl das afghanische Regime die Mujaheddin zum Frieden und zur Teilnahme an der Regierung einlud, lehnten sie es in Ihrem Interesse, meine Damen und Herren, ab. Bis die UdSSR beschloss, ihre Truppen aus dem Land abzuziehen.
Die Regierenden in der UdSSR äußerten am Ende sogar:
„ Lass die Afghanen sterben, wir wollen unsere Soldaten aus diesem Land herausholen."

Im Februar des Jahres 1989 verließen die russischen Soldaten Afghanistan und marschierten nach Hause.
Und so ließ der große Nachbar des Nordens seine kommunistisch-afghanischen Brüder wie eine heiße Kartoffel fallen.

Mit Ihrer Hilfe und durch Ihre Waffen, meine Damen und Herren, schafften es die Mujaheddin in der Regierungszeit Dr. Najibullahs, dem letzten Präsidenten des kommunistischen Regimes, Kabul zu erobern.
Und so kamen unsere Mujaheddin im April 1992 an die Macht.

Tausende Afghanen kamen bei diesem Krieg ums Leben. Hunderttausende verließen ihre Heimat und flüchteten ins Ausland. Eine Million afghanischer Männer wurden durch diesen Krieg Invaliden.

Unsere Dschihad-Brüder brachten als erstes für alle afghanischen Frauen ein großes Geschenk aus Pakistan mit, den Schleier!
In Kabul wurden Frauen auf den Straßen mit der Waffe bedroht, nach Hause zu gehen, um sich dort nach islamischer Vorschrift zu kleiden und vor allem, einen Schleier zu tragen.

Meine Damen und Herren, Sie haben es damals in Kauf genommen, was aus den afghanischen Frauen werden würde.

Der Islam in Afghanistan war in der Zeit König Zahirs bis zu den Kommunisten in keiner Weise radikal gewesen, sondern liberal. Muslime, Hindus und sogar wenige Juden lebten friedlich miteinander.
Es gab weder Brutalität noch Hass untereinander.
Erst nach dem Krieg, als die Mujaheddin vom Krieg zurückkamen, radikalisierte sich der afghanische Islam. Dabei spielten Pakistan und die Saudis die Hauptrolle.

Meine Damen und Herren im Pentagon, in der CIA und im Weißen Haus, als die Russen geschlagen und somit „the game over" war, als die Rache für den verlorenen Vietnamkrieg an den Russen genommen war, als Sie erleichtert die Akte Afghanistan zugeklappt und in die Schublade geschoben hatten, ging für uns Afghanen die Schlacht weiter.

Sie „vergaßen" in Afghanistan tausende Ihrer Raketen, Bomben, Minen und Sprengstoffe, die in den Händen unserer Mujaheddin blieben. War das ein Zufall?

Es gab viele Afghanen, die wirklich nur für Ihr Land und für ihre Freiheit gekämpft hatten. Sie lebten nach dem Krieg als Zivilisten weiter, ohne aus dem Krieg Profit zu schlagen.

Sie, meine Damen und Herren, überließen unser Land tausenden Mujaheddin, die bis über beide Ohren bewaffnet waren und weder vom Regieren noch von Politik eine Ahnung hatten.
Sie setzten in Afghanistan nie auf Kandidaten, die das Wohl Afghanistans vertraten, sondern immer wieder be- wusst auf machtsüchtige, egoistische und käufliche Kandidaten. Diese benutzten und benutzen Sie noch heute als Ihre „Marionetten".

Je gieriger Sie und Ihre Politik wurden, umso brutaler und radikaler wurden Ihre Marionetten.

Unsere Mujaheddin, die jahrelang für den Islam, für Gott und für Ihre Heimat Krieg geführt hatten, fielen von heute auf morgen in die Hände „Satans".

Die Hauptstadt Kabul, die bis dahin den Krieg
unbeschädigt überstanden hatte, wurde durch unsere
Mujaheddin wochenlang mit Raketen beschossen und
stark zerstört.
Unsere Dschihad-Brüder teilten Kabul in verschiedene
Zonen ein.
Die Paschtunen, die Tadschiken, die Usbeken und die
Hazara bekämpften und töteten sich gegenseitig.
Die Bewohner Kabuls wurden beraubt und ihre Häuser
wurden geplündert.
Die Wohnungen und Häuser von vielen Bewohnern
Kabuls, besonders von den Hindus, wurden mit Gewalt
ihren Eigentümern weggenommen. Viele Bücher wurden
verbrannt oder zerrissen. Wie unsere Kommunisten
versagten auch unsere Mujaheddin. Unsere Dschihad-
Brüder, die vor dem Krieg nicht mal 50 Afghani in der Ta-
sche hatten, wurden innerhalb von Monaten zu reichen
Männern.

Wir Afghanen sind wirklich komische Wesen.
Wir sind so stolze Menschen, dass wir es nie ertragen
können, dass ein Fremder uns beherrscht. Aber wenn wir
uns befreit haben, wissen wir nicht, was wir mit dieser
„Freiheit" anfangen sollen. Wir fangen an, wie unser
geschlagener Feind, selbstsüchtig zu werden.

Wir wollen die Macht nur für unseren Stamm sichern.
Jeder Stamm von uns denkt: Ich bin der bessere.
Unsere Paschtunen denken, da sie die Mehrheit seien,
gehöre das Land und die Macht alleine ihnen.
Die Tadschiken, die Hazara und die Usbeken sehen sich
als unterdrückte Minderheiten und schließen sich
gelegentlich zusammen. Unsere Hindus werden von allen
unterdrückt.

Um die Macht allein für uns zu behalten, fangen wir an, die anderen Stämme im Land zu diskriminieren, zu unterdrücken und, wenn nötig, verraten wir sogar unser Land an unsere Nachbarländer, damit wir um jeden Preis an der Macht bleiben können.

Unsere Nachbarländer, besonders Pakistan, Indien und Iran, benutzen, instrumentalisieren und manipulieren uns ständig.

Das ist das Schicksal eines Landes, in dem sich die Menschen nicht als eine Nation, sondern als Stammeszugehörige sehen.

Warum lässt sich dieses Dilemma nicht lösen?

Afghanistan hat zwar eine hervorragende strategische Lage und eine Menge Bodenschätze, die Tag für Tag von den Großmächten, von den Taliban und von unseren Nachbarländern geraubt wurden und werden, ist aber trotzdem ein armes, abhängiges Land mit Millionen von Analphabeten. Wir haben seit 40 Jahren Krieg und eine anhaltend schwache Wirtschaft.

Wir haben korrupte Regierungen, die eine nach der anderen aus Ihren „Butlern" und Ihren Kandidaten bestehen. Sie wurden mal in Bonn, mal in Moskau und mal in Katar (Doha) hinter geschlossenen Türen von Ihnen bestimmt.

Zurück zu den Mujaheddin: In Afghanistan, besonders in Kabul, ging es mit dem Bürgerkrieg weiter, bis sich eine halbstabile Regierung aus Kriegskommandanten, einflussreichen Stammesführern und mächtigen Dschihad-Brüdern gebildet hatte.

Pakistan und Iran hatten weiterhin großen Einfluss auf die Mujaheddin.

Es gab weiterhin Konflikte zwischen den Paschtunen, Tadschiken und Hazara, zwischen den Sunniten und Schiiten, die von Iran und Pakistan gegeneinander aufgehetzt worden waren.

Die Taliban, die nach ihrer Ausbildung in Pakistan nach Afghanistan zurückkehrten, übernahmen in Kandahar, im Süden Afghanistans, die Macht und drängten von dort aus die Regierung der Mujaheddin immer weiter nach Norden, bis sie mit direkter Hilfe Pakistans die Macht in fast ganz Afghanistan übernommen hatten.
Und so wurden wir im September 1996 zu einem islamischen Emirat.

Die Taliban setzten ihre strengen Vorstellungen über den Islam in Afghanistan um. Es begann, im Interesse Pakistans, mit der Ermordung durch Erhängen von Dr. Najibullah, dem Präsidenten der Kommunisten und mit der totalen Verschleierung aller Frauen und der totalen Überwachung der Menschen.

Die Taliban führten drakonische Strafen ein, wie das Abhacken der Hände, Auspeitschen und Steinigungen.
Sie verboten Frauen und Mädchen zu lernen, zu studieren oder zu arbeiten. Die Hindus wurden mit Gewalt zum Islam gezwungen.

Pakistan und Saudi-Arabien erkannten dieses Regime an.

Wussten Sie, meine Damen und Herren, nichts davon?

Meine Damen und Herren im Buckingham Palace, meine Damen und Herren in allen politischen Parteien der USA, meine Damen und Herren in der CIA, im Pentagon und in dem ISI (Inter-Services Intelligence), meine Damen und Herren in den Nato-Staaten, meine Damen und Herren in Russland, im KGB und in China, fühlen Sie sich bitte alle angesprochen: Das alles war für Sie noch okay!

Pakistan, das in dieser Zeit ohne seine „Big Bosse" selbstständig entscheiden konnte, kam den Saudis sehr nahe und wollte mit Hilfe islamischer Gruppen, wie der Al-Qaida und den Taliban, zu einer großen islamischen Macht in der Region werden.
Der Buddha von Bamyan, der unser wichtigstes Kulturerbe war, wurde in dieser Zeit zerstört. Der Zerstörungsbefehl kam aus Pakistan.
Die Taliban, als Instrumente Pakistans, führten es aus.
Und der Sprengstoff hierfür wurde in Ihren Waffenfabriken produziert, meine Damen und Herren.

Später kam es zu dem berühmten 11. September 2001 mit der Zerstörung des World Trade Centers in den USA.
Heute, nach so vielen Jahren, gibt es viele Gerüchte über diesen Tag und darüber, ob das alles nicht von Ihnen selbst inszeniert wurde, um Ihren Einmarsch in Afghanistan rechtfertigen zu können. Die Wahrheit über den 11. September kenne ich zwar auch nicht, aber wie bekannt, ist Amerika das Land der unbegrenzten Möglichkeiten, und zwar in jeder Hinsicht.
Erst nach dem 11. September fokussierten sich noch einmal die großen mächtigen „Player" auf Afghanistan.
Ihre Medien, die nach dem Abmarsch der Russen kaum etwas über Afghanistan berichtet hatten, wurden wieder aktiv.
Schreckliche Bilder von unterdrückten, afghanischen

Frauen, von den Taliban abgehackte Menschenhände und Bilder von Bin Laden erschienen auf Ihren Bildschirmen und in Ihren Zeitungen.

Afghanistan existierte für Sie, meine Damen und Herren, erst nach dem 11. September 2001 wieder.

Die größte Macht der Welt, die USA, eilte nach Afghanistan, um die Welt vor den „Bösen" zu retten.
Die mächtigen, europäischen Staaten wurden vom „Boss" zusammengetrommelt, standen, wie immer, „solidarisch" hinter den USA. Vor allem England, Deutschland und Frankreich!

Sie wollten einen Feind bekämpfen, den Sie selbst geschaffen hatten!
Die Afghanen waren die ganze Zeit vor dem 11. September im Krieg gegen die Taliban. Im Norden des Landes bildeten die Tadschiken, die Usbeken und die Hazara unter Führung von Ahmad Shah Massoud die Nord-Allianz, die später mit Ihnen gemeinsam gegen die Taliban kämpfte.

Weder Bin Laden noch die drei Attentäter, die das World Trade Center zerstört haben, waren Afghanen.
Bin Laden und Al-Qaida haben genauso wie Sie, meine Damen und Herren, Afghanistan für ihre eigenen Zwecke ausgenutzt.
Kurz vor dem 11. September und kurz vor Ihrem Einmarsch in Afghanistan wurde Massoud bei einem Attentat, als er von arabischen Journalisten interviewt wurde, getötet. Warum wurde Massoud, der ein Tadschike war, ausgerechnet in dieser Zeit getötet?
Verlor Massoud vielleicht sein Leben, weil er einen „eigenen Kopf" hatte?

Meine Damen und Herren im Buckingham Palace, meine Damen und Herren in allen politischen Parteien der USA, meine Damen und Herren in der CIA, im Pentagon und in dem ISI (Inter-Services Intelligence), meine Damen und Herren in den Nato-Staaten, meine Damen und Herren in Russland, im KGB und in China, fühlen Sie sich bitte alle angesprochen:

Sie werden nie einem anderen Land „einfach so" helfen. Ihre sogenannten „Hilfen" sind immer gefährliche Abhängigkeits-Fallen, besonders für arme Länder.
Ihnen geht es nie in erster Linie um Demokratie, um Frauenrechte und um Gerechtigkeit. Ihnen geht es nicht wirklich um die Menschen, sondern um Bodenschätze, um Erdöl, um Konkurrenzkämpfe, um Business und um den Verkauf Ihrer Waffen. Sie machen aus diesen Ländern abhängige Staaten und kontrollieren sie wie und wann immer Sie wollen.
Sie unterstützen Pakistan, geben Pakistan und den Koran-Schulen in Pakistan die Möglichkeit und die Macht, Taliban auszubilden, warten dann ab, bis die Frauen auf den Straßen von Kabul von den Taliban ausgepeitscht werden und erst dann kommen Sie, meine Damen und Herren, als „Retter", um uns von den bösen Taliban zu befreien?!
Hier kann man im wahrsten Sinne des Wortes von einem „Teufelskreis" sprechen.

Meine Damen und Herren, einerseits predigen Sie von Werten, wie Freiheit und Frauenrechten, andererseits verkaufen Sie Panzer und Waffen an die Saudis und machen sie zu Ihren engen Verbündeten, obwohl Sie wissen, wie die Frauenrechte in diesem Land unterdrückt werden.

Es ging nie, meine Damen und Herren, um „uns", es ging in erster Linie immer um Sie und Ihren Profit.
So wurde Afrika bis zu seinem letzten Hemd geplündert, damit Sie später großzügig ein Stück Brot zu ihnen hinwerfen konnten.

So wurde auch Afghanistan in diese Abhängigkeits-Falle gedrängt, die Sie gewoben haben.

So kamen noch einmal Millionen von Dollar und Euro sowie unzählige Waffen, Raketen und Bomben zusammen, um Al-Qaida und die Taliban zu besiegen.

Die Nord-Allianz wurde zu Ihrem Verbündeten.

Tausende von Afghanen kämpften mit Ihnen gegen die Taliban und verloren ihr Leben. Ihre Soldaten wissen das, meine Damen und Herren.

Bin Laden flüchtete nach Pakistan und die Taliban wurden im November 2001 vorläufig besiegt.
Obwohl Sie alle wussten, dass die Taliban durch Pakistan, besonders durch deren Geheimdienst ISI finanziert wurden, unternahmen Sie nichts gegen Pakistan.
Warum nicht? Machten Sie mit dem ISI geheime Geschäfte?

Pakistan blieb weiterhin Ihr enger Verbündeter. Die Taliban kamen nach einer Weile gestärkt wieder in den Krieg und werden weiterhin von Pakistan unterstützt.
Bei diesem Krieg wurden zigtausende Minen im afghanischen Boden vergraben, tausende Raketen verschossen und tausende Bomben abgeworfen.

Meine Damen und Herren, Sie töteten sogar unzählige Zivilisten. Ihre Piloten hatten sie „aus Versehen" zerbombt.

Wir Afghanen hörten immer wieder von Ihnen:
„Aus Versehen geschah diese und jenes…"

Kann denn Bin Laden nicht auch behaupten, dass er „aus Versehen" die World Trade Center-Türmer angegriffen hat?

Bei diesem Krieg geschahen viele Gräueltaten.

Genauso wie die russischen Soldaten damals in der Zeit unserer Kommunisten die Bäuche schwangerer Frauen aufschnitten, um die Babys da drin zu sehen, besudelten US-Soldaten die Leichen der von ihnen getöteten Taliban. Die australischen Soldaten erschossen grundlos Bauern und deren Kinder und Frauen.

Das Land wurde angeblich „befreit". Tausende amerikanische und europäische Soldaten blieben im Land. Der von Ihnen im November 2001 in Bonn ausgewählte „Kandidat" wurde unser Präsident.
Die mächtigen Dschihadisten und einflussreiche Männer, die früher Ihre Verbündete waren, bekamen Ihre Posten zurück.

Wir vergessen nicht, dass viele Ihrer Soldaten uns beim Aufbau der Schulen, Kliniken und Straßen geholfen und uns bei der Ausbildung unserer Polizeikräfte unterstützt haben und viele afghanische Frauen und Mädchen wieder die Chance bekamen zu lernen, zur Schule zu gehen, zu arbeiten und sich in der Gesellschaft zu zeigen.
Man kann das zwar als eine Art Fortschritt sehen, aber unsere Regierung wurde immer und immer wieder von Ihnen bestimmt und Ihren „Butlern" überlassen, ohne Rücksicht auf unsere eigenen Interessen.
Ihre sogenannten Hilfsgelder waren keine wirkliche, selbstlose Hilfe für Afghanistan. Sie stellten Ihre Bedingungen, die von der afghanischen Regierung treu und brav erfüllt

wurden. Sie bezahlten die afghanische Regierung für Ihre eigenen Interessen.

Die arme Bevölkerung in Afghanistan bekam nie etwas von Ihren sogenannten Hilfsgeldern. Mag sein, dass ein Teil dieser Gelder für den Wiederaufbau des Landes ausgegeben wurde, aber den Großteil davon steckten sich die korrupte Regierung und deren einflussreichen Männer in die eigene Tasche.

Sie gaben diese Gelder aus für ihre Machtkämpfe innerhalb der Regierung, für den Kampf um einflussreiche Positionen, für Bestechungen, für den Kauf von Palästen und Autos sowie für private Investitionen im Ausland.

Ja, meine Damen und Herren, Ihre „Kandidaten" wurden tatsächlich reich, aber die Afghanen blieben weiterhin arm. Die Lehrer und Lehrerinnen, die kleinen Beamten, die Studenten und Schüler, die Bauern und Handwerker blieben weiter in der Armut. Unsere Arbeitslosen blieben weiterhin arbeitslos, die Hungrigen hungerten weiterhin.

Die Bodenschätze des Landes wurden weiterhin geraubt.

Das Opium-Geschäft ging weiter und weitete sich sogar aus.

Wer profitierte von dem Opium-Geschäft am allermeisten?

Sie dürfen dreimal raten, meine Damen und Herren! Während die afghanischen Soldaten weiterhin in der ersten Front gegen die Taliban kämpften und sterben mussten, blieben Ihre Soldaten mehr und mehr in ihren Stützpunkten.

Nach langem Nachdenken und Überlegen kamen Sie endlich darauf, wo sich Bin Laden versteckt hatte.

Und so erledigten Sie Ihren Feind.

Nach und nach gingen einige Ihrer Truppen wieder zurück nach Hause. Der Krieg gegen die Taliban aber ging weiter. Nur die amerikanischen Streitkräfte und wenige andere Nato-Truppen blieben noch in Afghanistan. Obwohl Sie mit zahlreichen weiteren Nationen und modernen Waffen in unserer Heimat waren, nahm der Krieg in Afghanistan kein Ende.

Im Gegenteil, Pakistan blieb als Produzent des Terrorismus aktiv. Die Taliban kämpften weiter.

Afghanistan wurde nicht nur vom Terrorismus, der Al-Qaida und dem IS nicht befreit, sondern auf afghanischem Boden entwickelten sich weitere Mafia-Strukturen sowie terroristische Gruppen, vor allem durch Iran und Pakistan.

Meine Damen und Herren, haben Sie überhaupt den Wunsch, dass der Krieg in Afghanistan beendet wird?

Afghanistan war und ist für die USA das Tor zu Zentralasien. Afghanistan ist wie ein Dach, von dem aus Sie Iran, China, Russland, Indien und so weiter im Auge behalten können. Ein Land, an dem dessen Nachbarländer und alle Supermächte eigene Interessen haben. Jedes dieser Länder hat in Afghanistan Marionetten, die für ihre Interessen arbeiten.

Wenn in Afghanistan kein Krieg wäre, hätten Sie all diese Möglichkeiten nicht. Deswegen muss in Afghanistan der Krieg weitergehen, damit diese Tür für Ihre weiteren Pläne offen bleibt.

Viele Menschen in Afghanistan kennen mittlerweile alle Ihr „Spiel" und es ist gleichgültig, ob Sie als Imperialisten oder Kommunisten, als Demokraten oder Republikaner, als Supermacht oder sogenannte Retter zu uns kommen.

Wir kennen Ihre Gesichter hinter Ihren Masken.

Einerseits herrscht momentan eine korrupte Regierung in Afghanistan, andererseits läuft der Krieg gegen die Taliban weiter. Täglich werden Menschen durch Raketen, Selbst-mord-Attentäter oder Minen getötet. Täglich werden Schulen, Universitäten und Krankenhäuser angegriffen. Sind die Studenten und Schüler, die in Afghanistan täglich durch Raketen und Sprengstoffe getötet werden, keine Menschen?

Bei einem Angriff auf ein Krankenhaus im Westen von Kabul wurden viele schwangere Frauen und neugeborene Babys ermordet. Ist das Leben dieser neugeborenen Babys weniger Wert als Ihre Babys in Ihren Kliniken, meine Damen und Herren?

Ist das Leben dieser afghanischen Mütter weniger wert als das Leben Ihrer schwangeren Frauen?
Jeden Tag werden ganz gezielt gebildete Menschen, besonders Journalisten, in Afghanistan ermordet.

Jeder Minister, jeder Kommandant, jeder Bankier, der unter dem Schutz der Regierung steht und Macht hat, kann den Befehl zum Mord eines Journalisten geben.
Ist Ihr Blut, Ladies und Gentlemen, etwa besser oder wertvoller als das unsere?
Das World Trade Center wurde zerstört und die ganze Welt versank in tiefer Trauer. Die Menschen in den USA und in Europa standen unter Schock über diese entsetzliche, unmenschliche Tat. In Afghanistan wird das komplette Land zerstört und es bewegt sich bei Ihnen weder Ihr Gewissen noch Ihr Herz!

Ist der Tod unschuldiger Opfer durch die Zerstörung des World Trade Centers tödlicher und schrecklicher als der Tod tausender Frauen, Kinder, Babys, Mütter, Omas, Opas, Bauern, Journalisten, Studenten und Schüler in Afghanistan, im Irak, in Syrien, in Palästina oder in Afrika?

Wir in Afghanistan haben seit Jahren montags bis sonntags den Film „World Trade Center " auf unserer Schicksals-Bühne.

Meine Damen und Herren, Sie, als die Herren der Welt, haben so viel Macht, dass das Schicksal anderer Länder in Ihren Händen liegt.
Sie bestimmten, was die afghanische Regierung zu machen hatte. Sie bestimmten unser Schicksal hinter verschlossenen Türen in Bonn, in Moskau und momentan bestimmen Sie es auch in Katar.

Kurz vor der Wahl in den USA im Herbst 2020 wurden, aufgrund Ihres Befehls, 5.000 inhaftierte Taliban und Terroristen aus dem Gefängnis in Kabul freigelassen.
Und warum?
Weil Sie, meine Damen und Herren aus den USA, dies in Katar mit den Taliban vereinbart hatten. Nach diesem Vertrag sollen die Taliban Teil der afghanischen Regierung werden.
Sind denn die Taliban plötzlich keine Terroristen mehr?

Sie, meine Damen und Herren, haben die afghanische Regierung genauso wie die Taliban in ihrer Hand, weil beide Ihre „Produkte" sind.
Es ist Ihnen gleichgültig, ob aus Afghanistan ein islamisches Emirat oder eine islamische Republik wird.
Wie immer geht es hier nur um Sie und Ihre Interessen.
Sie setzten sich mit den Taliban an einen Tisch und unterschrieben Friedens-Verträge, damit Ihre Soldaten lebendig nach Hause gehen können, obwohl Sie jahrelang die Taliban als Feinde und Terroristen bezeichnet haben. Obwohl zahlreiche Nationen nach Afghanistan marschiert waren, um sie zu besiegen. Obwohl tausende afghanische Soldaten dafür geopfert wurden. Obwohl Sie unser Land

mit Ihren Bomben und Raketen zerstört haben. Haben Sie je nach unserer Meinung dazu gefragt?

Wie immer stehen alle Nato-Staaten brav hinter den USA und machen alles mit.

Die Republikaner in den USA wollen, dass die Taliban in Afghanistan regieren, Hauptsache die amerikanischen Soldaten kommen nach Hause. Die Demokraten wollen Afghanistan über Pakistan kontrollieren. Sie hatten sogar zugegeben, dass Pakistan Ihnen 50 Mal wichtiger ist als Afghanistan. Das Pentagon will, dass die Soldaten weiterhin in Afghanistan bleiben, damit die USA und Europa nicht von den „Terroristen" angegriffen werden.

Es geht wie immer um Sie, meine Damen und Herren, und Afghanistan bleibt weiter der Ball in Ihrem Spiel.

Sie, meine Damen und Herren, waren nicht einmal zu Ihren eigenen Völkern ehrlich über Ihre wahren Motive wegen der Kriege in Afghanistan, im Irak und in Syrien.

Mag sein, Ladies und Gentlemen, dass Sie für Ihr eigenes Volk gute Politiker oder große Helden sind. Mag sein, dass es für Ihre politischen Partner in Europa oder für Ihre Konkurrenten, wie Russland und China, eine Rolle spielt, welche Partei die Wahl in den USA gewinnt, in Ihrer Außenpolitik sind Sie aber für uns und für viele weitere Länder die Wahl zwischen Pest und Cholera!

Ob Ronald Reagan oder Georg W. Bush, ob Clinton (männlich oder weiblich) oder Obama, ob Trump oder Jo Biden, wir haben Sie alle erlebt. Uns haben Sie nur Unglück gebracht!

Deshalb, wenn man Sie alle mit ihren verbündeten Partnern in einen Topf werfen würde, röche die ganze Suppe nur nach einem, nach Manipulation.

Wenn Jesus sich heute <u>auf politischer Ebene</u> äußern könnte, würde er sagen: „Herr vergib ihnen, sie wussten schon, was sie taten!"

Meine Damen und Herren, wann ist für Sie genug?
Wann hören Sie mit all diesen Kriegen auf der Erde auf?
Wie lange wollen Sie die armen Länder durch Ihre „Assistenten", wie Saudi- Arabien, Israel und Pakistan missbrauchen und unterdrücken?

Warum unternehmen Sie nichts, um den Konflikt zwischen Indien und Pakistan zu lösen, um dadurch uns Afghanen von den Einmischungen beider Länder zu befreien?

Ihr Großmächte China, USA und Russland, was ist Ihr nächster Plan?
Wollen Sie Afghanistan Ihrem treuen Diener Pakistan überlassen und versuchen, dass sich weitere radikal-islamistische Regierungen in Zentralasien neben Afghanistan entwickeln, wie etwa in Tadschikistan oder Usbekistan, direkt vor der Nase Chinas?
Positionieren Sie deswegen jetzt die Taliban in die afghanische Regierung? Oder drehen Sie, meine Damen und Herren in Peking, das Spiel um und kaufen all diese Regierungen und richten sie gegen Ihren Feind?
Wann ist, meine Damen und Herren, das Mullah-Regime im Iran dran? Wer weiß, vielleicht haben Sie Glück und finden das, was im Irak nicht gefunden wurde, dieses Mal im Iran? Oder geht es Ihnen um größere Ziele? Wie wollen Sie Ihren genialen Plan, die IS-Terroristen durch die Ex-Terroristen, die Taliban, zu besiegen in die Tat umsetzen?

Werden die Taliban in Zukunft etwa zu Ihren „Soldaten"?
Und die Herren aus Peking, unterstützen Sie deswegen die

afghanische Regierung, um sich die Amerikaner vom Hals zu halten?

Welches „Business" ist zwischen Ihnen und den Australiern schief gelaufen, dass Sie sich plötzlich an die Kriegsverbrechen der australischen Soldaten an den armen Afghanen erinnern?
Setzen Sie sich, meine Damen und Herren, wirklich für uns Afghanen ein?
An so viel Mitgefühl mit uns Afghanen glauben Sie doch selbst nicht, oder? Sie haben nicht nur mit unserem Leben und unserem Schicksal gespielt, sondern sogar mit unseren Leichen!

Meine Damen und Herren aus Moskau, nachdem Sie, genauso wie die USA, China, Iran, Indien und Pakistan, die Taliban als Waffe gegen Ihre Feinde benutzt haben, schauen Sie aus Ihrer „Warteposition" dem Ringen zwischen China und USA zu, um je nach Ergebnis einzugreifen? Oder verbünden Sie sich gleich mit den Taliban, um den Drogenhandel an Ihren Grenzen zu kontrollieren und gleichzeitig den IS mit Hilfe der Taliban zu bekämpfen?

Wer von Ihnen wird als nächstes Taliban-Krieger „in Dienst nehmen"? Etwa die USA (gegen Russland)? Oder Pakistan (gegen Indien)? Oder vielleicht Iran (gegen die USA)? Oder die USA (gegen China)? Vielleicht auch Russland (gegen die USA)? Oder Indien (gegen Pakistan)? Oder Iran und Russland gemeinsam gegen die USA? Oder doch China (gegen die USA)?

Jetzt, wo Trump out und Jo Biden Sieger der Wahl ist, wie wird über das Schicksal der 37 Millionen Afghanen entschieden? Wollen Sie weiterhin die Taliban und Ihre Butler in Afghanistan als Vertreter von uns 37 Millionen Menschen anerkennen? Welche Rolle wird Pakistan und Indien in Ihrer Politik spielen?

Das alles klingt vielleicht nach einer „Opferhaltung", ist aber leider die bittere Realität eines abhängigen Afghanistans!

Wie Sie wissen, meine Damen und Herren, der Krieg in Afghanistan ist nicht allein der Krieg der Afghanen.

Es ist der Krieg zwischen Amerika, Russland und China. Es ist der Krieg zwischen Indien und Pakistan. Es ist der Krieg zwischen China und Indien, es ist der Krieg zwischen den USA und dem Iran, es ist der Krieg zwischen Saudi-Arabien, Israel und dem Iran und der Krieg zwischen Ihren Geheimdiensten.

Solange Sie, meine Damen und Herren, im Krieg sind, werden wir Afghanen auch keinen Frieden erleben und es spielt auch keine Rolle, ob Afghanistan sich mit Russland verbindet oder mit China oder mit den USA.

Ihre Gegner werden es immer sabotieren!

Unsere ganze Geschichte ist der Beweis dafür.

Unsere Regierungen sind bedauerlicherweise nicht in der Lage, bei Ihren Entscheidungen mitzureden, geschweige denn mitzubestimmen.

Unsere Politiker setzen sich brav an den von Ihnen vorbereiteten Tisch, spielen ihre Rolle auf der von Ihnen errichteten Theaterbühne, mal in Bonn, mal in Doha, mal in Moskau. Die Afghanen tun so, als ob sie irgendeine Macht hätten und Ansprechpartner für Sie wären.

Dabei bestimmen Sie, meine Damen und Herren, über unser Schicksal.
Wir Afghanen bieten nur das Spielfeld Afghanistan an!

Meine Damen und Herren im Buckingham Palace, meine Damen und Herren in allen politischen Parteien der USA, meine Damen und Herren in der CIA, im Pentagon und in dem ISI (Inter-Services Intelligence), meine Damen und Herren in den Nato-Staaten, meine Damen und Herren in Russland, im KGB und in China, fühlen Sie sich bitte alle angesprochen.

In der Welt da draußen kann man sich schminken, wie man will, man kann jede Maske tragen, die man will, man kann sich die Hände immer wieder in Unschuld waschen, man kann allen, wirklich allen, der ganzen Welt entkommen, nur einem einzigen Menschen nicht, sich selbst!

Es gibt eigentlich nur eine einzige Frage, die wir Menschen uns im Leben stellen sollten.
Wenn Sie wieder zu Hause sind, gehen Sie bitte in Ihr Badezimmer, stellen Sie sich vor Ihren Spiegel, schauen Sie sich in die Augen und stellen Sie sich nur eine Frage:

„*Was* ist aus mir geworden?"

An die Völker

Ihr Völker in Deutschland, in den USA, in Frankreich, in England, in Kanada, in den Niederlanden, in Australien, in Österreich, in Schweden, in der Schweiz, in Norwegen, in

Griechenland und in Dänemark, ich kann Sie verstehen, wenn Sie auf die „Scheiß"- Ausländer sauer sind.

Wo auch immer Sie hingehen, in Ihre Geschäfte, in Ihre Krankenhäuser, in Ihre Arztpraxen, in Ihre Schulen und Kitas, egal, überall begegnen Sie uns „Scheiß"- Ausländern.
Wenn ich an Ihrer Stelle wäre und sähe, dass zigtausende Fremde, Männer, Frauen und Kinder Jahr für Jahr in meine Heimat kämen und all die Rechte und Leistungen
bekämen, die eigentlich für mich bestimmt sind, wäre ich vielleicht auch sauer.

Wenn ich in Ihrer Lage wäre und jeden Tag als Lehrer oder Lehrerin mit ausländischen Kindern und deren Eltern zu tun hätte, die nicht die deutsche Sprache beherrschen oder sogar Analphabeten sind, wäre ich wahrscheinlich auch enttäuscht, dass keine durchschnittlichen Schüler die Klasse betreten.
Sie wissen vielleicht nicht, dass viele dieser Kinder in ihrer Heimat keine Klasseräume und keine richtige Schule haben und unter einem Zelt oder einfach im Freien lernen müssen. Ohne Tisch, ohne Stuhl, ohne moderne Schulbücher und ohne ein Dach über dem Kopf.

Viele dieser Kinder müssen nach der Schule arbeiten gehen, um ihre Familie zu versorgen.
Nachts machen sie im Licht einer Kerze oder einer Öllampe ihre Hausaufgaben, ohne dass die Eltern ihnen dabei helfen können.

Haben Sie sich je ernsthaft die Frage gestellt, warum die Ausländer überhaupt zu Ihnen kommen?
Viele von Ihnen sind zwar gegen uns Ausländer und geben uns die Schuld für alles, was „schief läuft ", aber Sie

verstehen nicht wirklich, warum wir hier sind.

Das ist aber eine wichtige Frage!

Ihre Regierungen und Politiker kennen die Antwort auf diese Frage!

Ihre Regierungen, besonders die europäischen, nehmen uns Flüchtlinge auf, weil sie Kriege in unseren Ländern verursacht haben.

Ich muss immer wieder feststellen, dass viele von Ihnen keine Ahnung davon haben!

Wie denn auch? Ihre Regierungen haben Sie jahrelang wie kleine Kinder behandelt.

Ihre Regierungen haben für Ihren Komfort gesorgt, Sie in eine gesicherte Welt gesetzt und Ihnen einen Game Boy in die Hand gedrückt.

Als Preis dafür haben Sie Ihr eigenes, kritisches Denken aufgegeben. Kein Wunder, dass Ihr Wissen über „unsere Welt" nicht über Ihr Zeitungs- und Fernsehwissen hinausgeht.

Während Ihre Regierungen und Politiker für die Kriege in unseren Ländern sorgten, profitierten Sie selbst davon.

Während Ihr Militär Ihre Bomben, Raketen und Minen bei uns, auf unserem Boden ausprobierten, hielten Ihre Politiker Ihnen Augen und Ohren zu, damit Sie die brutale Welt, die außerhalb Ihrer heilen Welt existierte, nicht zu Gesicht bekämen!

Deshalb kennen viele von Ihnen keine Welt außer Ihrer eigenen.

Ihre Regierungen zeigten Ihnen nur das und flüsterten Ihnen nur das zu, was Sie sehen sollten.

Ihre Regierungen ließen Sie glauben, dass sie als „Retter der Afghanen" die bösen Russen in Afghanistan bekämpfen müssten.
Sie erzählten Ihnen von den bösen Taliban. Und Sie glaubten, die Taliban seien „einfach so" über Nacht vom Himmel gefallen und hätten die Macht in Afghanistan übernommen.
Ihre Regierungen erzählten Ihnen das Märchen, dass sie nur wegen der hilflosen Frauen in Afghanistan einmarschieren müssten.

Liebe Völker, Sie bekamen weder den Anfang noch das Ende des Filmes mit, sondern nur gezielt geschnittene Szenen. Sie glaubten Ihren Zeitungen und Bildschirmen und bekamen sonst nichts mit.
Ihre Regierungen erzählten Ihnen, dass sie Ihretwegen die Terroristen bekämpfen, um Sie und Ihre Welt zu schützen.
Dabei waren Ihre Regierungen selbst enge Verbündete der gefährlichsten Regierungen, die Terroristen produzierten.

War es für Ihre Regierungen nicht in Ordnung, dass Bin Laden gegen die Russen kämpfte?
War es für Ihre Regierungen nicht in Ordnung, dass Saddam Hussein gegen den Iran kämpfte?

Haben Sie je darüber nachgedacht, dass die Minen, die die Beine Ihrer eigenen Soldaten in Afghanistan, im Irak und in Syrien abrissen, in Ihren eigenen Waffenfabriken gebaut wurden?

Wenn Sie die Ursachen vieler Kriege in der Welt erkennen würden, würden Sie Ihre eigene Politik besser verstehen.
Auch die Umweltverschmutzung, an der jeder von uns als Mensch beteiligt ist, entsteht zum großen Teil durch die Gier Ihrer Industriellen, Ihrer Waffenfabrikanten, Ihrer

Atombomben-Bauer, Ihrer Schiffsbauer, Ihrer Flugzeug-Hersteller und Ihrer Pharma- und Chemie-Konzerne.
Ihre Regierungen sorgten dafür, dass immer genug Benzin für Ihre Autos da war. Zahlreiche Versicherungen gaben Ihnen ein Gefühl der Sicherheit.

Wenn ich in einem Ihrer Länder geboren wäre, hätte ich sehr wahrscheinlich genauso gelebt wie Sie.

Auch ich wusste jahrelang nicht, was in Afrika los ist. Auch mich hat nicht sehr interessiert, wie viele Palästinenser im Krieg mit Israel getötet wurden.

Das ist kein Vorwurf, das ist leider die unbewusste, menschliche Natur. Jeder Mensch will das Allerbeste in erster Linie nur für sich selbst.

Ich kann Sie verstehen!

Solange man nicht selbst von Krieg und Unglück betroffen ist, kann man leicht ein Auge, und wenn nötig beide Augen, davor verschließen. Auch das ist leider menschlich!

Sie haben blind geglaubt, es gäbe zwei Welten, einerseits die gute, zivilisierte und moderne Welt, nämlich Ihre, und andererseits die Welt der bösen, armen, terroristischen Ausländer, unsere Welt!

Sie haben geglaubt, dass das, was auf Ihren Bildschirmen erscheint, die Wahrheit sei.
Während wir Flüchtlinge als lebende Zeugen des Krieges in unseren Heimatländern vor Ihren Augen auf Ihren Straßen herumliefen, haben Sie uns nicht wahrgenommen, uns nicht nach unserer Geschichte gefragt. Und Sie hätten uns wahrscheinlich auch nicht geglaubt!
Wir waren zu fremd für Sie. Sie hatten Angst vor uns oder vielleicht hatten Sie kein Interesse, uns und unsere

Geschichte zu verstehen. Genauso hatten wir Ausländer kein Vertrauen zu Ihnen und Ihrer Politik. Wir haben gespürt, dass wir und unsere Probleme nicht wirklich wichtig für Sie waren. Deshalb blieben Sie unter sich und wir Ausländer unter uns, obwohl alle Menschen aus derselben Quelle stammen und die Erde unsere gemeinsame Heimat ist.

Ich komme zu der Frage zurück: Warum sind wir Ausländer hier bei Ihnen?
Wir Ausländer wissen und wussten schon immer, dass wir alles andere als willkommen sind. Ich kann Ihre Position uns gegenüber verstehen. Ich verstehe sogar die politischen Parteien, die gegen Ausländer sind.

Ich glaube Ihnen, dass viele von Ihnen weder Faschisten noch ausländerfeindlich sind!

Das Problem geht leider viel tiefer. Sie sind ahnungslos! Sie kennen die Zusammenhänge nicht wirklich.

Ihr Wissen über uns kommt nicht aus der Quelle, sondern ist etwas Vorgekautes.

Ihnen ist nicht bewusst, dass Sie durch Ihre Politiker direkt und als Volk indirekt an unserem Schicksal beteiligt sind und uns sozusagen selbst verursacht haben!
Anstatt die Flüchtlinge, die selbst Opfer der Kriege sind, zu bekämpfen, zu attackieren und zu beschimpfen, sollten Sie nach den Gründen für unsere Flucht suchen.

Dabei spielt es keine Rolle, ob wir ein Kopftuch tragen oder modern gekleidet sind, ob wir Deutsch sprechen können oder nicht, ob wir in einer Wohnung neben Ihnen wohnen oder im Asylantenheim.

Wir alle haben denselben Krieg und dasselbe Schicksal erlebt!

Haben Sie sich je gefragt, wie viele Afghanen vor dem Einmarsch der Russen nach Afghanistan hier bei Ihnen waren? Es kamen damals nur wenige Studenten zum Studieren nach Deutschland oder überhaupt nach Europa.

Afghanistan war damals, in der Zeit von König Zahir, ein armes Land, aber wir hatten keinen Krieg.
Wir hatten trotz vieler Probleme ein relativ ruhiges Leben! Keiner von uns wollte freiwillig seine Heimat verlassen.

Wir hatten keine Sehnsucht nach Europa oder Amerika, wie Sie es vielleicht glauben.
Im Gegenteil kamen Hippies und andere Jugendliche aus Europa zu uns. Diese können es Ihnen heute bezeugen.

Afghanistan war vor dem Krieg ein ganz normales Land mit friedlichen Menschen. Ein Land, das auch mit Europa Handelsbeziehungen pflegte. Unsere Teppiche, Früchte, Pistazien, Mandeln und Rosinen waren auf Ihren Märkten. Es gab in Kabul deutsche Produkte zu kaufen, wie von den Firmen Siemens, Höchst und Bayer.

Die Einwohner von Kabul achteten besonders darauf, dass alle Elektrogeräte, Autos und Reisbusse „made in Germany" oder aus Japan waren.
Neben den staatlichen Schulen Afghanistans gab es in Kabul das Goethe-Institut und die Amani-Oberrealschule, in denen Deutsch unterrichtet wurde. Daneben wurde an zwei weiteren Schulen Französisch unterrichtet. Einige deutsche Krankenschwestern arbeiteten in unseren Kliniken.
Wir lasen damals die Bücher vieler Schriftsteller, wie Jack London, Honoré de Balzac, Ian Fleming, Alexandre Dumas, Tschechow, Agatha Christi, Maxim Gorki,

Graham Greene, Victor Hugo, Tolstoi, Margaret Mitchell und Mark Twain.
Wir kannten Ihre Filme und Fernsehserien.
Die Frauen in Kabul und in den meisten Städten kleideten sich modern und waren berufstätig. Die Menschen besuchten Kinos, Theater und Fußballspiele.

Wir hatten Sonne und blauen Himmel. Die Luft war frisch. Unser Essen wurde immer frisch in Bio-Qualität gekocht. Essen aus der Dose gab es nicht. Heute kommen viele Fertigprodukte, vollgestopft mit Zucker, in unser Land. Wir bauen Opium anstatt Weizen an. Wir haben Drogenabhängige und an Aids erkrankte Menschen. Unsere Luft ist voller Abgase von tausenden alter Autos aus allen Ländern und die Regale unserer Läden sind voll mit Coca-Cola und Energy-Drinks. Es sieht ziemlich nach Fortschritt aus!

Diejenigen von Ihnen, die alle Ausländer am liebsten abschieben möchten, sollten den Mut haben, sich zuerst einmal unsere Geschichte anzuhören.
Viele von Ihnen, die Krieg erlebt haben, wissen genau, wie es ist, als Flüchtling leben zu müssen.

Liebe Völker, es war nicht so, dass wir Afghanen uns an einem sonnigen Sonntag bei Kaffee und Kuchen entschieden haben, die Koffer zu packen und vor Langeweile unsere Heimat, unsere Stadt, unsere Häuser, unsere Freunde und Verwandten zu verlassen!

Wir haben nicht freiwillig auf unsere Heimat, unsere Muttersprache, unsere Kultur, unsere Sitten und Traditionen, unsere Identität verzichtet. Wir haben diese bittere Reise, diesen dornigen Weg nicht auf uns genommen, um uns ein angenehmes Leben in Europa zu machen. Es ging um Leben und Tod!

Glauben Sie, dass wir all das, was uns als Menschen wert und wichtig war, freiwillig gegen 400 Euro Sozialhilfe in Deutschland umtauschen wollten? Eine deutsche Freundin wollte einmal meine Meinung darüber wissen, ob es gerecht sei, dass Ausländerkinder so viel Kindergeld bekämen?
Im Vergleich zu dem, was diese Kinder und deren Eltern verloren haben, ist das Kindergeld nichts.

Es ist naiv und unfair zu behaupten, die Flüchtlinge seien wegen des Geldes hier.
Die Afghanen, die derzeit nach Europa kommen, müssen alles, was sie haben, verkaufen und alle Brücken hinter sich abbrechen, müssen über Berge und Meere flüchten und dabei ihr Leben riskieren, um hier bei Ihnen zu überleben.

Wir sind Überlebenskünstler. Ich kenne afghanische Kinder, die im Krieg geboren wurden, im Krieg aufwuchsen, im Krieg zu jungen Männern und Frauen heranwuchsen, im Krieg heirateten und im Krieg Väter oder Mütter wurden.

Können Sie sich das vorstellen?

Diese Menschen haben nichts anderes als Krieg erlebt!

Wir Afghanen haben auf dieser Reise alles, wirklich alles, aufs Spiel gesetzt! Wir waren weder „Gastarbeiter" noch „Wirtschaftsflüchtlinge".
Wir mussten unsere Heimat verlassen und das ist ein großer Unterschied.

Wollen Sie, dass die Ausländer verschwinden?

Kein Problem, dann sorgen Sie bitte dafür, dass Ihre Regierungen uns keine Kriege mehr bringen, dann sorgen Sie bitte dafür, dass Ihre Waffenfabriken keine Waffen mehr produzieren, dann sorgen Sie bitte dafür, dass Ihre Politiker nicht Pakistan, nicht Saudi-Arabien und nicht Israel unterstützen. Dann sorgen Sie bitte dafür, dass Ihre Politiker keine Verträge mehr mit solchen Ländern schließen, die Terroristen fördern. Dann sorgen Sie bitte dafür, dass Ihre Regierungen keine Waffen mehr an Gruppen liefern, die damit Zivilisten unterdrücken. Dann sorgen Sie bitte dafür, dass die Koran-Schulen in Pakistan geschlossen werden und die Regierung in Pakistan zur Verantwortung gezogen wird. Dann sorgen Sie bitte dafür, dass keine Bomben mehr auf unsere Häuser fallen, dass unsere Felder nicht vermint werden. Dann sorgen Sie bitte dafür, dass unsere Länder durch Ihre Politik nicht ausgebeutet werden.
Können Sie uns all dies versprechen?

Seit 40 Jahren, während wir afghanische Flüchtlinge in Deutschland und Amerika, in Kanada und Schweden, in Holland und Frankreich, in der Schweiz und in Dänemark, in England und Australien frustriert unseren " grünen Tee trinken und abwarten", reden wir unter uns über Politik und Krieg. Bei jeder Beerdigung, auf jeder Hochzeit, auf allen Facebook-Seiten, immer wenn wir zusammenkommen, diskutieren wir und diskutieren wir und diskutieren wir, bis wir unser „schwarzes Schaf" gefunden haben.

Wir, die Paschtunen, die Tadschiken, die Hazara und die Usbeken, beschuldigen uns gegenseitig und wir halten uns an unserem „alten Salat" aus Afghanistan fest.

Viele von uns wissen inzwischen, wie schmutzig die Politik auf der ganzen Welt ist und wie käuflich die Politiker sind.

Egal wie Sie, liebe Völker, über uns denken, uns ist bewusst, dass Ihr Deutschen (wie auch viele weitere Nationen) uns Afghanen aufgenommen habt.
Dafür sind wir Ihnen dankbar!
Sie haben Ihre Leistungen, Ihre Mietwohnungen, Ihr Gesundheitssystem und Ihre Sozialhilfen mit uns geteilt.
Dafür sind wir Ihnen dankbar!

Sie haben uns als Flüchtlinge - im Gegensatz zum Iran, zu Pakistan und zu Griechenland - viel besser und menschlicher behandelt.

Diejenigen von uns, die in den Iran geflüchtet sind, wurden dort als „schmutzige Afghanen" bezeichnet. Diejenigen, die Handwerker waren und eine Arbeitsstelle fanden, wurden lebendig aus dem Fenster geworfen und so ermordet, nur weil sie nach ihrem Lohn gefragt hatten.

Die afghanischen Kinder durften jahrelang im Iran keine Schule besuchen.
Die Flüchtlinge, die auf der Flucht in den Iran an der Grenze von iranischen Grenzsoldaten erwischt wurden, wurden in den Fluss geworfen, so dass sie ertranken.
Wehrlose afghanische Zivilisten wurden im Iran in ihren Autos mit Benzin übergossen und angezündet.

In Pakistan sieht es auch nicht besser für uns aus.
Die afghanischen Flüchtlinge, die dort als Taxifahrer, Busfahrer oder Marktverkäufer arbeiten, werden auf der Straße von Polizisten angehalten, geschlagen und ihnen wird Geld weggenommen.
Je ärmer die Länder, umso brutaler und unmenschlicher behandeln sie die Flüchtlinge.
Im Vergleich zu unseren islamischen Nachbarländern

wurden wir bei euch Christen meistens viel menschlicher und fairer behandelt. Dafür sind wir Ihnen dankbar.

Warme Heizungen und warmes Wasser aus der Leitung, das haben wir seit 40 Jahren Krieg in Afghanistan nicht mehr!
Straßenbahnen und Busse, die alle zehn Minuten
fahren, haben wir seit 40 Jahren in Afghanistan nicht mehr!
Die Rechte, die wir als Mensch, als Frau, als Kind hier bei Ihnen haben, die haben wir seit 40 Jahren in Afghanistan nicht mehr!
Die Freiheit, uns so zu kleiden, wie wir wollen, besonders als Frau, die haben wir seit 40 Jahren in Afghanistan nicht mehr!

Sichere Tage ohne Raketenangriffe, ohne Sprengstoffan-schläge, ohne Selbstmordattentate, die haben wir seit 40 Jahren in Afghanistan nicht mehr!
Die Freiheit, dass ich als Frau spätabends und nachts alleine auf die Straße gehen kann, ohne von Männern be-lästigt oder beschimpft zu werden, die haben wir seit 40 Jahren in Afghanistan nicht mehr.

Dass wir als Frauen gleichberechtigt behandelt werden, haben wir seit 40 Jahren in Afghanistan nicht mehr!

Das alles und vieles mehr haben wir bei Ihnen gefunden, nicht in unserer eigenen Heimat.

Für all das danken wir Ihnen.

Ja, und ich stehe nicht hinter den Ausländern,

    die Ihre Regeln und Gesetze nicht akzeptieren,
    die Ihre Tradition, Ihre Kultur, Ihre Sitten nicht
    akzeptieren,
    die Ihre Kinder zu einem anderen Glauben zwingen und
    sie dann in den Heiligen Krieg schicken,

die Ihre Töchter missbrauchen, belügen und betrügen, um ein Aufenthaltsrecht in Ihren Ländern zu bekommen,

die europäischen Frauen auf den Straßen körperlich oder durch Bemerkungen belästigen,

die weder Kritik noch eine andere Meinung am eigenen Glauben ertragen können und ihren Lehrern in der Schule den Kopf abschneiden,

die sich in Ihren Ländern in Cafés, Discos, Kinos oder sonst wo in die Luft sprengen und unschuldige Menschen umbringen,

die in Ihren Ländern Platz für eine Moschee beanspruchen, während sie in ihren eigenen Ländern nicht einmal 15 Hindu-Familien, schiitische Minderheiten, kleine Christen-Gruppen, Buddhisten oder Juden in Ruhe leben lassen, geschweige denn, eine Kirche oder Dharamsala für sie zu bauen.

Und ich stehe nicht hinter den Ausländern,

die sich selbst, die eigene Kultur, den eigenen Glauben und ihr Verhalten nicht kritisch in Frage stellen können.

Zu all dem sage ich ein klares Nein.

Es gibt tausende Afghanen in Europa, in Amerika und selbst in Afghanistan, die genauso denken wie ich.

Und ja, ich sehe vielleicht vieles sehr kritisch und meine Worte klingen nicht verbindend.

Und ja, das hier ist vielleicht die Identifikation mit meinem persönlichen und nationalen „Schmerz-Körper"
(wie Eckhart Tolle es so treffend nennt).

Und ja, ich bin vielleicht sauer auf Vieles und habe auch „kein gutes Haar" auf irgendeinem Kopf gelassen.

Das heißt aber trotzdem nicht, dass ich Sie als Menschen hasse.

Ich lebe seit Jahren hier bei Ihnen. Inzwischen kenne ich einige von Ihnen privat, mit manchen von Ihnen bin ich befreundet, von einigen habe ich einiges gelernt, einige von Ihnen haben mir geholfen und sich sogar für mich eingesetzt. Manche von Ihnen haben mir in ganz schwierigen Zeiten Mut gemacht und waren für mich da.

Ich bewundere einige Ihrer Eigenschaften, die wir Afghanen nicht haben.

Obwohl die Erfüllung der Grundbedürfnisse die Basis für die menschliche Weiterentwicklung ist - und das ist bei uns in Afghanistan leider nicht der Fall - können wir Afghanen trotzdem vieles von Ihnen lernen in Bezug auf die Menschenrechte, auf einen verantwortungsvollen Umgang mit den Kindern, auf die Frauenrechte, auf Kommunikation, auf Meinungsfreiheit, auf den Umgang mit Tieren, auf die Rechte der Homosexuellen und auf die Ordnung und Sauberkeit der Städte.

Es gibt viele Menschen unter Ihnen, die ich tief respektiere und von denen und deren Büchern ich viel lerne, wie Eckhart Tolle, Neale Donald Walsch, Kurt Tepperwein, Rüdiger Dahlke und Boris Lukács.

Dafür bin ich unendlich dankbar.

Warum habe ich diesen Text geschrieben?

Ich halte es zu 100% für wahr, wie Buddha sagte, dass Gier, Hass und Unwissenheit der Grund für alles Leiden sind. Ich verstehe auch, dass, solange der Mensch sich nicht im Innen ändert, ändert sich auch nichts im Außen.

Keine Politik, kein System, keine Reform wird da helfen. Mag sein, dass alles, was ein Mensch erlebt, einen Sinn hat und eine Aufgabe zum Aufwachen ist. Ganz sicher wäre die allerwichtigste Aufgabe für mich persönlich gewesen, mich weiterhin zum Meditieren hinzusetzen und mich und mein eigenes Ego zu beobachten, anstatt diesen Text zu schreiben.

Auch ich bin als Mensch voller Fehler, Mängel und negativer Seiten. Ich habe Gott, das Sein und das Universum um Hilfe gebeten, immer wieder, mir den richtigen Weg und die richtige Entscheidung zu zeigen:

Soll ich in mich hineingehen, weiter meditieren, nichts tun oder diese Zeilen schreiben?

Es war ein innerer Konflikt für mich, weil ich erkannt hatte, dass ich da draußen nichts ändern kann und trotzdem musste ich mich für die Menschen in Afghanistan einsetzen.

Gott hat mir keine Antwort gegeben, so habe ich täglich weitergeschrieben, und das Universum hat es zugelassen.

Ich weiß, dass ich mit diesem Buch da draußen nichts verändern kann.

Mir ist auch bewusst, dass es viel schöner und segensreicher wäre, anstatt dieses Buches ein Buch wie „Eine neue Erde" oder „Gespräche mit Gott" zu schreiben. Aber vielleicht war das hier genau meine Aufgabe.

Liebe Völker, ich habe diesen Text geschrieben, nicht um Sie gegen Ihre Regierungen zu hetzen. In der Welt geht es im Moment sowieso drunter und drüber und Sie haben viele eigene Probleme mit Ihren Regierungen.

Das einzige, was mich gezwungen hat, all das hier zu schreiben, sind die Bilder von furchtbaren Explosionen, von

Attentaten und von in Afghanistan getöteten Journalisten und Zivilisten.

Wenn ich meine Augen schließe, sehe ich ein Bild:
eine Straße in Kabul, auf der ein paar arme Obstverkäufer neben ihren Schubkarren stehen, und einen kleinen Jungen, der hoffnungslos daneben steht.
Das ist ein einfaches Bild, in dem ich aber viele traurige Schicksale sehe, weil einige von diesen Menschen heute Abend nicht mehr leben werden!
Millionen von Afghanen sind weder Terroristen noch islamistische Fundamentalisten, noch Kommunisten, noch Dschihadisten, noch Taliban und auch nicht Regierungsmitglied. Wenn ich all das hier nicht schreiben würde und die Stimme dieser Menschen nicht erheben würde, würde Ihnen keiner die Geschichte dieser Menschen erzählen, kein Politiker, keine Zeitung und kein Wikipedia.

Deswegen nehme ich es in Kauf, ein „Ego" zu sein, damit die Stimme dieser Menschen mindestens einmal gehört wird.
Ich habe an Ihre Tür geklopft und Ihnen erzählt, dass es noch eine schreckliche Welt außerhalb Ihrer heilen Welt gibt. Was Sie mit dieser Geschichte macht, ist Ihre Entscheidung und Ihr Recht.

Zum Schluss möchte ich der deutschen Sprache danken, mit der ich meine Gefühle, mein Mitgefühl, meinen Schmerz, meine Wut und meine Gedanken ausdrücken konnte.

Ich danke dieser Sprache, die zur Stimme meiner Heimat geworden ist.

Und Ihnen allen danke ich, dass Sie sich Zeit genommen und mir zugehört haben.

Möge alle Wut, alle Angst in mir sich in Liebe wandeln!

Möge alle Gier in mir sich in Geben wandeln!

Möge alle Unbewusstheit in mir sich in Bewusstheit wandeln!

Möge alle Zeit in mir sich in Gegenwart wandeln!

Sahar Ohlig, 04.03.2021

Anhang

Kabul

Ich muss im Gedächtnis behalten, die geliebte Stadt, umgeben von Bergen und die Lichter der Hütten an den Hängen.

Ich muss im Gedächtnis behalten, den Regen auf den nassen, aufgeweichten Straßen und die gebückten Gestalten mit ihren hochgeschlagenen Krägen.

Ich muss im Gedächtnis behalten, den Tanz des Lichtes auf den Kieselsteinen und das murmelnde Wasser in den Abflussgräben.

Ich muss im Gedächtnis behalten, die staubigen Gassen und den schallenden Ruf der Straßenhändler.

Ich muss im Gedächtnis behalten, den aus den Kaminen aufsteigenden Rauch und den Duft verbrannten Holzes.

Ich muss im Gedächtnis behalten, die Kinder mit ihren bunten Drachen und die Drachen in den Fängen des Windes.

Ich muss im Gedächtnis behalten, die Schule und die Schulbank und darauf zu sitzen Jahre und Jahre.

Ich muss im Gedächtnis behalten, das Hausnummer 43 und die Gestalt eines Schäferhundes hinter der Eingangstür.

Das alles muss ich im Gedächtnis behalten, denn schon nagt, ich fühle es genau, das Vergessen in mir.

Münster, im Jahre 2005

Der Fremde

Durch Jahre gewandert
durch die Abgründe der Einsamkeit
Atemzug für Atemzug
zeitlos

Wege hinter dir gelassen
Feuer und Frost
vom Morgenland bis zum Abendland
Mauern und Fenster
Entlang

Du Suchender

und doch
Heimatloser
Namenloser!

„Was" hast du gelebt?
„Wen" hast du gelebt?

Stummer Schrei im Reich der Sehnsucht

wenn das Leben
             tief   schläft

und der Regen
             leise   fällt

zeige ich der Nacht
             mein Gesicht

wirst du in meiner Umarmung

        eine „Gestalt" annehmen? mein „Ich"?

Münster, im Jahre 2007

Keine Kerze für Afghanistan!

Folgenden Brief habe ich im Jahr 2001 an eine politische Partei Deutschlands geschrieben:

Münster, den 16.10.2001

Im Namen meines Landes

Liebe Frau ...., hallo,

Sie kennen mich sicherlich nicht und mein Brief kommt Ihnen vielleicht verdächtig vor.
Ich finde es notwendig, mich Ihnen kurz vorzustellen.
Ich bin eine afghanische Frau.
Ich lebe seit 6 Jahren in Deutschland. In letzter Zeit habe ich mich intensiver mit den politischen Diskussionen und Themen im deutschen Fernsehen über Afghanistan beschäftigt. Es erstaunt mich jedes Mal erneut, in diesen 6 Jahren nicht so viel über Afghanistan gesehen oder gehört zu haben, wie in den vergangenen vier Wochen nach den Anschlägen in den U.S. A.
Als ob dieses Land vorher überhaupt nicht existiert hätte!
Obwohl seit 22 Jahren in Afghanistan Krieg herrscht!
Obwohl seit 22 Jahren in Afghanistan Menschen sterben!
Obwohl seit 22 Jahren in Afghanistan Menschen unter Hunger, unter Kälte und unter Krankheiten leiden!

Obwohl seit 22 Jahren Afghanen, besonders Frauen und Kinder, keine Zukunft mehr vor Augen haben!

Obwohl seit 22 Jahren 22 kalte Winter mit minus 20 Grad in Afghanistan vorbei sind!

Obwohl seit 5 Jahren die Taliban in Afghanistan an die Macht gekommen sind! Obwohl seit 5 Jahren die Taliban öffentlich die Frauen hinrichten und Hände abhacken! Obwohl die afghanischen Frauen, Kinder und Männer seit 22 Jahren vergeblich auf die Solidarität der „großen, zivilisierten Welt" warten!

Obwohl seit 5 Jahren die Taliban, selbst von Amerika, von Pakistan und von Saudi-Arabien, Waffen und Finanzhilfen bekommen!

Obwohl Afghanistan seit Jahren ein Schlachtfeld war und die zivilisierte, coole Welt nur zuschaute! Obwohl seit 22 Jahren russische, amerikanische, europäische, pakistanische Waffen sowie arabische und iranische Einmischungen den Bürgerkrieg in Afghanistan unterstützen, während die zivilisierte Welt alles mitbekommt und trotzdem treu und solidarisch weiter schweigt! Obwohl seit 22 Jahren die Afghanen in Pakistan und im Iran hilflos und alleine mit Hunger, Krankheiten und Unterdrückungen leben müssen! Obwohl seit 5 Jahren die Menschen in Afghanistan keinerlei Menschenrechte mehr haben und darunter leiden! Obwohl seit 22 Jahren tausende Minen in Afghanistan verlegt wurden und jährlich tausende von Afghanen zum Opfer dieser Minen werden! Und obwohl die Afghanen seit 22 Jahren überall auf der Welt vom Frieden und von Demokratie träumen!

Erst jetzt, nach 22 Jahren, ist die Welt plötzlich wach!

Erst jetzt, nachdem die USA angegriffen wurden, erinnert sich die zivilisierte Welt an Afghanistan!

Erst jetzt, nachdem das amerikanische, wertvolle Blut aus ihren zivilisierten Adern fließt, interessiert sich die Welt für das Gras, das die Nahrung afghanischer Kinder ist und zwar seit über 6 Jahren!

Erst jetzt, nachdem zwei amerikanische Türme zerstört sind, spricht man über ein Land, das vollkommen ruiniert ist und zwar nach 22jährigem SCHWEIGEN!

Erst jetzt, nachdem die wertvollen, amerikanischen Tränen das solidarische große Herz der zivilisierten Welt berühren, denkt die bessere Hälfte der Welt plötzlich an die afghanischen Frauen, die seit 6 Jahren mit der Peitsche geschlagen werden!

Diese internationale Wachheit verdankt Afghanistan den Anschlägen in den USA!

Ich denke, die Anschläge in den USA, bei denen unschuldige Menschen geopfert wurden, sind das Ergebnis der Außenpolitik der USA.

Was ich aber sehr bedauerlich finde, ist die passive Rolle der europäischen Länder!

Ich denke, diese Länder, besonders Deutschland, könnten vieles für Frieden und Demokratie in der Welt leisten.

Sie könnten das erreichen, bei dem die USA als die größte Macht versagt hat!

Es ist sicherlich beruhigend und bequem, wenn man im Schatten einer großen Macht gehorsam bleibt, manchmal ist es aber auch notwendig, besonders für stolze Nationen, auch einmal zu einem gerechten Führer zu werden!

Liebe Frau …, ich habe in diesen 5 Wochen viel von Ihnen im Fernsehen über Afghanistan gehört.

Ich bedanke mich im Namen aller Afghanen für Ihr Mitgefühl, Ihr Verständnis und Ihre Bemühungen für Afghanistan und für die Afghanen.

Herzlichen Dank für Ihre menschliche Solidarität.
Das ist wirklich ein Trost zu wissen, dass auch unter den Deutschen Menschen und Parteien existieren, die sich für Länder, wie Afghanistan, einsetzen!
Liebe Frau …, ich hoffe, dass Sie meinen Brief bekommen. Falls Sie Interesse haben, können Sie mir auch zurückschreiben.
Ich werde mich sicherlich darüber freuen.

Zum Schluss wünsche ich Ihnen und Ihrer Partei viel Glück und Erfolg.
Ich beende diesen Brief im Namen meines Landes „Afghanistan", das mich mit Stolz erfüllt!

In der Ferne …

Dort in der Ferne

        brennt meine Heimat

              ein Haus

              ein Feld

               ein Gedicht

ich sitze hier

    halb Schweigen   halb Schrei

       unter einem regenreichen Himmel

dort in der Ferne

        friert eine Stadt

           ein Kind läuft barfuß

             im Schnee

               sch .. nee

               sch . n . ee

    ich sitze hier

    halb Schrecken   halb Trauer

und der Winter -   vergeht allmählich

dort in der Ferne

schlägt jede Nacht
eine gefesselte Frau an die Mauer
an die Mauern des Hauses
an die Mauern des Dorfes
an die Mauern der Stadt
Mauer hinter Mauer

Jahrelang

Ich sitze hier

halb Wut   halb Schmerz

und höre das Ticken der Uhr

Tick - Tack
Tick – Tack

dort in der Ferne liegt

das Land der allmächtigen Männer
das Land der stimmlosen Frauen
das Land von Schwert und Schleier

ich sitze hier
halb im Schatten   halb im Licht

vor einem Spiegel, der mein Profil
                verloren hat
dort in der Ferne
     liegt meine Heimat
halb Opfer   halb Henker

       mich kennt „da" keiner
       mich kennt „hier" keiner

ich sitze hier
und blicke in das „Nirgendwo" vor mir

    halb grau   halb blau

Münster, im Jahre 2006

Ein Nachmittag im November ...

Dieselbe Sonne und derselbe Wind, auch der Mond ist derselbe und doch so unterschiedlich kann das Gesicht des Lebens sein.

Es ist noch Nachmittag, aber aus dem Busfenster sieht es draußen fast wie Abend aus. Es ist dunkel und in manchen Läden brennen die Lichter.

Ich sitze gerade im Bus und fahre zur Arbeit und während der Bus auf den engen Straßen der Innenstadt stöhnend und kriechend weiterfährt, kommen mir solche Gedanken.
Ich beobachte diese gemütliche Stadt durch das
Busfenster und denke: Hier in dieser Stadt wird heute Abend fast jeder etwas zum Essen haben.
Dieser junge Mann mit der Brille, der neben dem Stoffmarkt wartet, auch die beiden Frauen mit ihren vollen Einkaufstüten. Alle haben ein Leben und eine Zukunft vor sich.
Jeder, fast jeder in dieser Stadt weiß, dass er ein „Zuhause" hat und ein gemütliches und warmes Bett zum Schlafen. Fast jeder hier hat ein gesichertes Leben.

Und dort - in Afghanistan?

Wie sieht es dort aus? Alles anders!

Picasso-Museum (Name der Bushaltestelle):

Hier in dieser Stadt brennen in jeder Ecke Lichter, in den Läden, auf den Straßen, in den Cafés, überall, und dort in Afghanistan leben Menschen ohne Strom, ohne Licht im Dunklen. Das glückliche Leben, das die Hunde hier haben, das, was ein Hund hier zum Leben hat, haben drüben viele Menschen nicht.

Die Menschen, die vorhin an der Haltestelle, gegenüber vom Landgericht, standen, wussten ganz genau, dass der Bus kommen wird. Vielleicht mit etwas Verspätung, aber er wird kommen, gar keine Frage! Ich frage mich:

Was gibt ihnen diese Sicherheit? Wahrscheinlich die Macht des Landgerichtes! Oder?
Jedes Kind hier ist sicher, dass es an Weihnachten ein Geschenk bekommt.

Die Eltern hier wissen, dass ihre Kinder nach der Schule „lebendig" nach Hause kommen werden, ohne Opfer einer Rakete oder eines Anschlages zu werden.

Wer zahlt für diese Art Gewissheit hier?

Die „Übungsfelder" der Waffenfabriken?!
Wissen diese Menschen hier, wie viele Leben auf der anderen Seite der Erde für diesen gesicherten Rahmen hier geopfert werden?
Eine geregelte „Zivilisation", die auf Blut, Armut und dem Tod von Millionen Menschen aufrechterhalten wird!

Königsstraße (Name der Bushaltestelle):

Die Kirche hier erinnert mich an einen bestimmten Tag, fast jedes Mal, wenn der Bus an ihr vorbei fährt .... , und ich denke weiter:

In einem Land, wie Afghanistan, weiß keiner, ob er bis zum Abend überleben wird oder nicht. Menschen haben dort oft nichts zum Essen. Kein Bett, keinen Schlaf, kein Zuhause.

Keine Sicherheit, keine Gewissheit, keine Zukunftspläne und sogar keine Hoffnung mehr.

Dort geht es nicht um das Leben, sondern um das „nackte Überleben"!

Ich frage mich: Was wäre, wenn diese Stadt hier sich jetzt gleich in meine Heimat verwandeln könnte.

Was wäre, wenn das hier plötzlich Afghanistan wäre?

Was wäre, wenn die Menschen in Afghanistan plötzlich all das hätten, was die Menschen hier haben?

Was wäre, wenn die Menschen in Afghanistan genauso satt, genauso glücklich, genauso sicher, genauso gebildet und gepflegt und „zivilisiert" wären wie die Menschen hier?

Was wäre, wenn die Menschen dort die gleichen Träume und Pläne, das gleiche Leben und die gleiche Ruhe hätten, wie zum Beispiel dieser Herr am Straßenrand?

Was wäre, wenn …?

Aber weiß diese gepflegte Gestalt überhaupt, dieser Mensch hier, auf wessen Kosten er all das hier hat?
Weiß er wirklich, warum er dieses gemütliche Leben hat? Kennt er den wahren Preis dieser sogenannten zivilisierten Welt?
Ist dieser Mensch überhaupt noch fähig, die Bedingungen zu erkennen und zu begreifen, die ihm dieses moderne Leben ermöglicht haben? Ist er in der Lage, diese „Selbstverständlichkeit" noch in Frage stellen zu können?
Was würde er darauf antworten, wenn man ihn danach gefragt hätte? Er wird wahrscheinlich sofort sagen: „Ich zahle ja Steuern!" Eine logische Antwort, oder?!
Er sagt damit alles, was er kennt und was er erfahren hat! Irgendwie ist er in seiner Ahnungslosigkeit auch unschuldig, denke ich mir…

Diese Selbstverständlichkeit, diese tiefe Ahnungslosigkeit dieser Gesellschaft ist bitter traurig.

Ich frage mich, wenn sie es erfahren würden, was da auf der anderen Seite der Welt los ist, was hätten sie dann gemacht? Würden sie dann irgendetwas daran ändern? Schwierige Frage!

Ist dieser Mensch hier bereit, auf sein bequemes Leben freiwillig zu verzichten?

Hat er den Mut, seine Lebensqualitäten, seinen Komfort und sein Wohlhaben mit anderen zu teilen?

Oder auf einiges davon zu verzichten?

Der Bus fährt langsam weiter.

Es ist dunkel draußen, fast wie im Winter …
Ich denke weiter nach: Warum haben die Menschen in Afghanistan - und überhaupt in der dritten Welt -
nie die Chance, so zu leben, wie die Menschen hier im Westen?

Ich fühle mich bei der Äußerung dieser Frage, beim Spüren dieses Gefühls plötzlich sehr einsam, obwohl der Bus noch ganz voll ist!
Als ob ich die einzige hier im Bus wäre, die diese schreckliche Tatsache, diesen großen Unterschied erkannt hätte.

Mein Herz fühlt sich in diesem Augenblick sehr weit an. Unbegrenzt und unendlich!
Gemischte Gefühle kommen in mir hoch: Wehmut, Mitgefühl, Hoffnungslosigkeit, Fassungslosigkeit, aber vor allem Traurigkeit. Ich finde all das hier sehr traurig!

Ich denke weiter nach, der Wind ist ja doch der gleiche Wind wie bei uns auch, auch die Blätter, die fallen. Alles ist einerseits so ähnlich, aber warum ist das Menschenleben dort und hier so schrecklich unterschiedlich?

Der einbeinige Mensch da drüben schläft abends mit leerem Magen ein. Sein Essen ist ein Stück trockenes Brot und eine Tasse Tee. Seine Kinder laufen barfuß durch den Frühling, den Sommer, den Herbst und den Winter.

Ich frage mich, ob diese Straße hier wirklich so „reich" ist, wie sie heißt.

Kreisverkehr Ludgeriplatz (Name der Bushaltestelle):

Auf der Wiese, in der Mitte des Kreisverkehrs, laufen einige Hasen hin und her, manche sitzen ruhig unter einem Baum wie ein Buddha, der meditiert.

Ein Kreis hat ja keinen Anfang und kein Ende, sage ich zu mir.

Und mit dem Bus drehen sich auch meine Gedanken im Kreis, zu ihrer ersten Position, zur Arbeit!

Noch einen letzten Blick auf die Hasen. „Wo werden sie im Winter hingehen?", frage ich mich und denke weiter:
Die nächste Haltestelle ist der Hauptbahnhof …
das berühmte „Umsteigemöglichkeiten zu den Bussen und Bahnen …" … ja und vielleicht „zu anderen Gedanken" ergänze ich die Ansage in Gedanken.

Ich muss gleich den Halteknopf drücken und aussteigen.

Ich werde aussteigen und in der Menschenmenge vor dem Bahnhof wie ein kleiner Tropfen im Wasser verschwinden. Wie eine stumme Tatsache, die zwischen so vielen lauten Geräuschen keine Chance hat!

Ja, ich werde gleich in das „Normale hier" aussteigen und als ein Teil (?) dieser Gesellschaft wieder in Vergessenheit geraten.

Ich werde zur Arbeit eilen und meine Gedanken werden in der Routine des täglichen Lebens gelöscht werden.
Der Mensch aber da drüben, hinter den Bergen, der an einem Novemberabend aus der zerbrochenen Fensterscheibe seiner Hütte zum Himmel blickt und ein Wunder erhofft,

muss - noch - warten ...

Hauptbahnhof!

Münster, im Jahre 2007

Die Wolken

Die Wolken, die mich

gerade durch das Fenster sehen

und mein Bild

als eine Erinnerung

mit sich nehmen

werden über einer anderen Stadt
regnen

die mich gar nicht kennt

Münster, im Jahre 2005

Dies ist so, weil jenes so ist!

Es ist 9:00 Uhr morgens. Ich sitze gerade als Praktikantin im Fürstenberghaus in Münster, während um mich herum die Vorbereitungen für den DVPW-Kongress laufen.
Das Gebäude ist voll mit Hilfskräften, Computern, Kartons, Plakaten, Büchern u. s. w. Einfach ein buntes, lautes Chaos!

Vom Fenster aus ist der Domplatz zu sehen.
Es ist ein seltsames Gefühl, ausgerechnet jetzt, hier in diesem Raum und in dieser Atmosphäre über „Das Leben einer afghanischen Frau" zu schreiben.

Das moderne Leben hier und das Thema „ Das Leben einer afghanischen Frau" sind so verschieden, dass ich fast das Gefühl habe, ich würde versuchen, einen Außerirdischen zu beschreiben.

Es ist eine bittere, inhaltliche und räumliche Entfernung zwischen diesen beiden fremden Welten! Ich versuche es aber trotzdem!

Was ist eine afghanische Frau? Wie lebt sie?

Ich bin kein echtes Profil für das Leben einer afghanischen Frau, keine deutliche Spiegelung dieser Seele, weil ich hier lebe und weil ich im Vergleich zu dieser Frau ein besseres Leben habe.

Auch die afghanischen Freundinnen und Bekannten, die Sie in Deutschland oder überhaupt im Westen kennengelernt haben, - sind es nicht!
Wir sind nur ein optimiertes Bild dieser schrecklichen Realität!

Schlechte, nicht zutreffende Synonyme für dieses bittere Schicksal.

Um diese Frau kennenzulernen, um ihr wahres Leben zu verstehen, müssen Sie mit mir sehr, sehr weit reisen.

Zu ihrem Dorf, zu ihrer Hütte! Da, wo sie morgens aufsteht, wo sie am Feuer kocht , wo sie abends leise weint, wo das Schicksal ihr die Kindheit, ihre Jugend und ihre Träume geraubt hat!

Da müssen wir hin!

Dort in der Ferne ist die Heimat dieser Frau!

Sie steht da, im Nebel, hinter den Mauern, dort, wo totale Finsternis herrscht!

Sie steht seit Jahren da, sie stand schon immer da,
als die Russen das Land bombardierten und russische Soldaten mit ihren Panzern in das Land einmarschierten,
als die amerikanischen Kampfmaschinen die Dörfer zerstörten,

als die Dschihad-Brüder das Land mit Blut begossen.

Sie stand da, als die Afghanen ihr eigenes Land verrieten, ihre eigene Stadt abbrannten und die Häuser ihrer eigenen Brüder raubten,

als mächtige Männer über ihr Schicksal miteinander ver- handelten, sie missbrauchten, sie auspeitschten und auf den Straßen steinigten.

Sie stand da, als tausende Waffen aus dem Iran und aus Pakistan die afghanischen Grenzen überschritten.
Sie stand da und musste zusehen, wie ihre Kinder als Flüchtlinge mit Beschimpfungen, Schlägen und

Unterdrückungen im Iran und in Pakistan unmenschlich behandelt wurden.

Diese Frau steht da seit Jahren als Opfer eines Krieges, den sie nie begonnen hatte! Als Opfer einer Waffe, die sie nicht gebaut hat! Als Opfer eines Waffenhandels, von dem sie nichts gewusst hat.

Sie ist nicht nur das Opfer des Krieges, sondern ein ewiges Opfer!

Und da steht sie, seit sie geboren ist.
Sie ist ein Opfer der Erziehung, ein Opfer der Tradition und Religion, ein Opfer der Sitten, der Regeln und der ungerechten wirtschaftlichen Verhältnisse in der Welt.

Kommen Sie mit mir noch näher zu ihr.

Hören Sie es? Sie atmet noch, sie lebt immer noch!
Ihre Seele ist stumm, ihr Blick ist wie der Tod, traurig, tief und ruhig.

Sie hat kein Gesicht, keine Stimme, keinen Namen, keine Identität!

Sie ist ein „Niemand" zu Hause, auf der Straße und im ganzen Land.

Als Kind hat sie nie mit einer Puppe gespielt, ist nie in die Schule gegangen. Sie hat nie ein Wort geschrieben, nie ein Buch gelesen. Als junges Mädchen ist sie nie ins Kino gegangen, nie in ein Flugzeug gestiegen, ist nie Fahrrad gefahren, hat nie Tennis gespielt. Als Frau hat sie nie einen Wert gehabt, nie einen Beruf gelernt, nie eine Rede gehalten, nie Anerkennung bekommen, und ohne diese für uns „Selbstverständlichkeiten" je erleben zu dürfen, wird sie eines Tages auch ahnungslos sterben.
Wie würden Sie das Leben dieser Frau nennen?
Ein Märchen? Ein Zufall? Oder ein Wunder?

Warum muss diese Frau so leben? Warum hat sie all das nicht, was für Sie und mich so selbstverständlich ist?
Mir fallen gerade die Worte des vietnamesischen Zen-Meisters Thich Nhat Hanh ein.
Er sagte: „ Die Überflussgesellschaft und die Armutsgesellschaft bedingen und durchdringen sich wechselseitig. Der Reichtum der einen Gesellschaft besteht aus der Armut der anderen. Dies ist so, weil jenes so ist. Reichtum besteht aus Elementen des Nicht-Reichtums und Armut besteht aus Elementen der Nicht-Armut." „Niemand von uns kann behaupten, dass wir nicht für diese Umstände mitverantwortlich sind."

Und nun frage ich mich:

Was kann ich für diese Frau tun?

Was kannst du für diese Frau tun?

Münster, im Jahre 2006

Begegnung

Ich glaube an den Menschen,

der sein tierisches Wesen
treulich

schützt

ich glaube an den Engel,

der aus dem Teufel

geboren wird

ich glaube an die Ewigkeit der grauen Farbe

im Frieden von
weiß
und
schwarz

Münster, im Jahre 2003

Der Hagelschauer

Wir waren schon morsch
„Das"
    waren wir
        mit unserem rissigen „Glauben"

        und der Untergang

            hat kein Ende gehabt

„Das"
    waren wir
        mit dem unseligen Kapitel der „Gewissheit"

Angst
    so tapfer
        noch
            im Winkel des bitteren Lächelns
                saß

der Schauer war auf dem Weg
            zuverlässig!

und wir

      in der traurigen Sturheit des „Seins"

uns

          an die Füße des Tages

 klammerten

Oh!   die Uhrzeiger laufen zu schnell

Münster, im Jahre 2003

Die kleine Quelle des Dorfes

Enttäuscht

von der Einfachheit der kleinen Quelle

                              meines Dorfes

stand ich da

als die Wolken kamen

Wind! hatte mich getrieben

weit weg   zu neuen Horizonten

                    zu den grünen Flüssen

                    zu den endlosen, wilden Ozeanen

dorthin, wo die glänzenden Ketten der Ufer

                              leuchteten

irgendwann

mitten in der Nacht

        wachte ich auf

unter der prachtvollen, labilen Brücke

als ich

    das salzige Wasser des Meeres

                kostete

als ich sah,

       dass die Ufer

          nur

           im Dunkeln

leuchteten

kleine Quelle meines Dorfes!

kein Wasser,

    kein Ozean war tiefer

war klarer

als dein Herz

du warst

       mein Ursprung

            mein Ende

               meine Seele

Leipzig, im Jahre 2011

Ich will die Zeit zurückdrehen

Ich will die Zeit zurückdrehen, ich will die Jahre zurückdrehen und wieder da sein, dort wo alles begann.

Ich denke an euch und vermisse euch, die einsamen, nicht gelebten Jahre entlang...

Ich will dich, dich, dich, euch alle einfach mitnehmen und zurückbringen, dorthin, wo wir einmal waren! Aber ich kann das nicht!

Alte Gefühle, wehmütig und ungreifbar, ziehen wie eine Brise an mir vorbei, an meinem Herzen und an meinem Geist.

Ich kann diese Gefühle nicht ergreifen, nicht festhalten. Ich kann sie nur einatmen und spüren.

Ich will die Zeit zurückdrehen und inmitten dieser großen Welt, inmitten dieser lauten Stadt wieder meine kleinen Freuden in meiner einfachen Welt fühlen. „Das", was nicht mehr existiert.

Ich will noch einmal die Augen schließen und den unverständlichen, gebrochenen Stimmen, vertrauten Klängen und Worten zuhören, die der Sommerwind in Kabul von der Straße mit sich brachte, die lauten Rufe der Straßenhändler, der Bus-Schaffner, hupende Autos, das Hämmern der Klempner, Dang Dang , Ding Dang und von nebenan das einsame Krähen des Nachbarhahns an heißen Nachmittagen.

Ich will wieder mal über die vom Schnee bedeckten Dächer die Berge betrachten und die im Schnee eingegrabenen Fußspuren der Spatzen und Raben.

Ich will das Fenster wieder haben, aus dem ich als Kind die Schneeflocken zählte.

Eins, zwei, drei …. und auf einmal mehr und mehr und weiß, weiß und nur noch weiß...

Ich will die Zeit zurückdrehen und vom Dach unseres Hauses aus die dunkle Ecke des Hofes unseres Nachbarn wiedersehen, die schmale, dunkle Küche, die nachmittags halb in der Sonne und halb im Schatten lag und die kleine Frau unseres Nachbarn, die da saß und strickte.
Das Haus des Uhrmachers mit seinen beiden Ehefrauen, die eine groß und hellhäutig und die andere klein und dunkel.

Ich will von dieser bunten, lauten Welt aus meine verblasste Vergangenheit, mein Zuhause hinter den Bergen spüren. Wie ein Atemzug, der ruft:
Ich lebe noch … ich lebe noch …

Ich will das Haus wiederhaben, das nicht mehr existiert und den kleinen, krummen Pflaumenbaum im Garten, der damals mein Baum war.

Ich will noch mal in den glücklichen, weißen Wintermonaten verweilen, in denen ich mit meiner Schwester hinter dem warmen Ofen saß und mit den Buntstiften Felsen malte.

Aber ich kann das nicht!

Ich will die Jahre zurückdrehen und wieder die Sehnsucht der Donnerstagnachmittage spüren, als ich darauf wartete, dass mein Vater von der Arbeit nach Hause käme.

Und die Freude an den Donnerstagabenden über die indischen Filme im Fernsehen.

Ich will die Zeit zurückdrehen und wieder die brennende Hitze der Sommer um 3 Uhr nachmittags auf dem Asphalt spüren, als ich als Kind vor Langeweile den Hof unseres Hauses bis zur Treppe rasch und barfuß laufen wollte und unser Hund spielend hinter mir.

Ich will wieder meine Mutter beobachten, wie damals meinen Kopf an ihren Schoß anlehnen und während sie bügelte, die leichte Berührung ihres Tschadors mit meinem Gesicht spüren.

Ich will die alten Augenblicke wieder durchdringen und wieder in den Morgendämmerungen als Kind aufwachen und während das Wasser in unserer runden, silberfarbigen Kanne kochte, unserer Teekanne zuhören, die stöhnend etwas sang und ich wusste, welches Lied sie sang.

Ich will die Zeit zurückdrehen und wieder den intensiven Geruch der Kekse riechen, die ich als Kind heimlich aus dem braunen Gefäß im Zimmer meiner Schwester stibitzte, immer und immer wieder ...

Ich will den Geist dieser Zeit und die selbstlose Liebe wieder spüren, die in diesem „Zuhause" mal war. Etwas, was ich danach nie und nirgendwo wieder fand.

Ich will noch einmal als Kind über die Haufen von Matratzen in unserem Haus springen, die mein Fantasie-Auto waren und in diesem Auto meine Fantasie-Kinder und Fantasie-Tiere mitnehmen, um sie vor der Nacht, vor dem Sturm und vor Gefahren zu schützen.

Ich will das beängstigende, spannende Gefühl wieder haben, als die heftigen Aprilregen begannen, als es donnerte und blitzte und den krachenden Regen wieder hören an den Fensterscheiben, an den Traufen und auf meinem Leder-Schulranzen.

Ich will mich wieder an das kleine Fenster anlehnen, wo ich als Jugendliche melancholisch von dem Leben auf einer Insel und von einem Segelschiff träumte, weit, weit weg von der Welt und von den Menschen ...

Ich will den kleinen, kalten, grünen Kopf unserer Wasserpumpe am Brunnen streicheln, die Pumpe, die nach unserer Flucht aus der Stadt jahrelang im Hof unseres Hauses alleine da stand.
Ja, den kleinen, kalten, grünen und einsamen Kopf der Wasserpumpe!

Ich will die Zeit zurückdrehen, die verlorenen Jahre zurückblättern, inmitten dieses rasenden Lebens, das zerbrochene „Uns" wiederherstellen und die Vergangenheit beleben.

Aber ich kann das nicht

Ich vermisse euch sehr!

Ich vermisse „Uns" sehr!

Leipzig, im Jahre 2009

Leeres Lied

Es gibt kein Leben

ohne mich   ohne dich

ohne das zerbrochene „W.i.r"

zwischen

„Mir" und

„Dir"

Es gibt kein Leben

ohne das Lied eines Stummen

an einen

Tauben

die Mauern der Einsamkeit

entlang …

Münster, im Jahre 2003

Zeitfracht Medien GmbH
Ferdinand-Jühlke-Straße 7
99095 Erfurt, Deutschland
produktsicherheit@kolibri360.de